本书受到云南省哲学社会科学

学术著作出版专项经费资助

人民币汇率升值的产业结构及其区域转移效应研究

The Study on the Effects of
Appreciation of Renminbi
on the Chinese Industrial Structure and
Regional Industrial Transfer

陈 锐 / 著

人 民 出 版 社

目　　录

引　言

　　改革开放三十多年来,我国的经济迅速发展,年平均增长速度超过9%。根据国家统计局公布的数据,2013年中国国内生产总值达到568845.21亿元,比上年增长了7.7%。其中第一产业增加值达到56957亿元,比上年增长4.0%;第二产业增加值249684.42亿元,比上年增长7.8%;第三产业增加值262203.79亿元,比上年增长8.3%,第三产业增加值增速超过第一、二产业。此外,第三产业增加值占国内生产总值比重首次超过第二产业,达到55%。① 这说明,伴随着我国的经济增长,产业结构也正在发生改变。

　　产业结构调整和升级是世界各国在经济发展过程中的重要特征事实之一。纵观世界经济发展的历史,我们发现,无论是发达国家还是发展中国家,都不约而同地经历了相似的产业结构升级的路径:农业部门的产出占国内生产总值的比重日渐下降,工业部门的产出占国内生产总值的比重经历一个先上升后下降的倒"U"形路径,第三产业的产出占比逐渐上升。我国也不例外。如图0-1所示,在1980—2013年间,第一产业(农业部门)的产出占国内生产总值比重持续下降,第二产业(工业部门)的产出占国内生产总值比重在40%—50%间波动,第三产业(服务业)的产出占国内生产总值比重持续上升。

　　影响产业结构升级的因素有很多,现有研究表明:技术进步、人力

---

① 国家统计局:《中国统计年鉴》各期,见 http://www.stats.gov.cn/tjsj/ndsj。

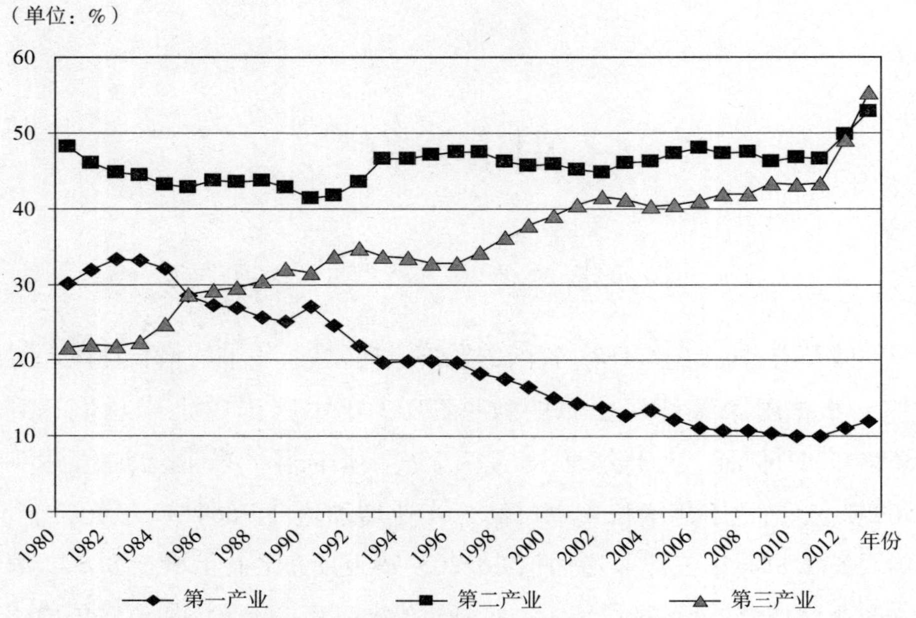

（单位：%）

图 0-1　三次产业增加值占国内生产总值的比重

数据来源：Wind 数据库。

资本供给和金融发展以及需求结构变化等都会引致产业结构的调整和
升级。而自 1978 年改革开放以来，中国越来越多地融入世界经济，开
放经济条件下各种外部力量对我国经济发展和产业结构的影响也越来
越不能忽视。我国正作为世界经济的一个重要组成部分，积极参与到
世界经济活动中，并日益全面地参与国际分工，利用国内和国外的资
源、国内和国外的市场来共同推动我国的经济增长和结构调整。2013
年中国的进出口总额已经达到 4.16 万亿美元，其中出口 2.21 万亿美
元，进口 1.95 万亿美元。据世界贸易组织统计，2013 年我国已成为世
界第一大货物贸易国，货物贸易占全球货物贸易的 10%，这是一百多
年来发展中国家首次成为世界第一大货物贸易国。[①]　如图 0-2 所示，

---

①　资料来源：新华每日电讯。

1978 年我国出口贸易额为 167.6 亿元人民币,到 2013 年上升 137195.34
亿元人民币;1978 年我国进口贸易额为 187.40 亿元人民币,到 2013 年
上升到了 121057.54 亿元人民币。

（单位：百亿元 人民币）

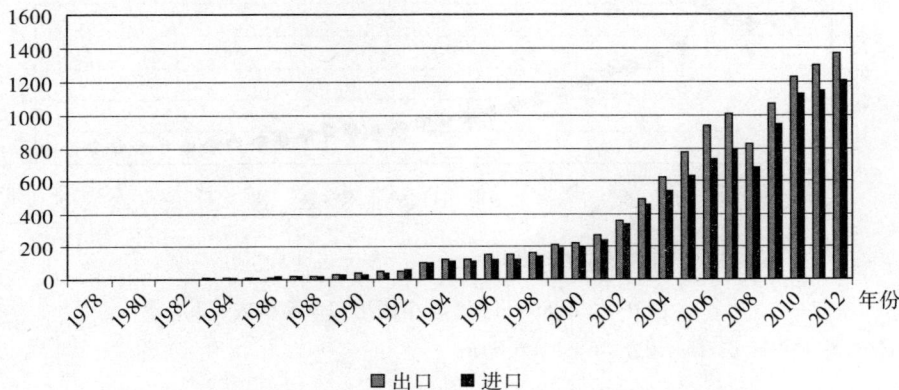

图 0-2　1978—2013 年中国进出口贸易

数据来源:司尔亚司数据有限公司(CEIC)数据库。

在我国进出口贸易迅速增长的同时,对外贸易结构也在不断调整、
优化。如图 0-3 所示:1980 年,我国出口的产品中,初级产品和工业制
成品约各占 50%;此后,初级产品占比基本呈下降趋势,而工业制品的
比重呈上升趋势。2013 年,工业制品占全部出口商品的 95%。我国已
成为名副其实的"世界工厂"。出口结构的改变表明,我国正积极利用
国内的资源、要素禀赋参与国际分工,并推动了我国的经济发展和产业
结构的调整和升级。与此同时,我国的进口结构也随着经济的发展发
生了变化。在改革开放之初,我国进口更多的居民消费品以满足国内
居民的生活需求。但随着我国工业制造业的迅速发展,我国进口更多
的资源和技术密集产品,用以满足国内工业发展的需求。根据张建华
(2012)的统计,2002 年以前,我国进口的商品主要是中高技术商品,其
中 1992 年进口的中高技术商品占比大概为 45%,但逐年下降,到 2002

（单位：%）

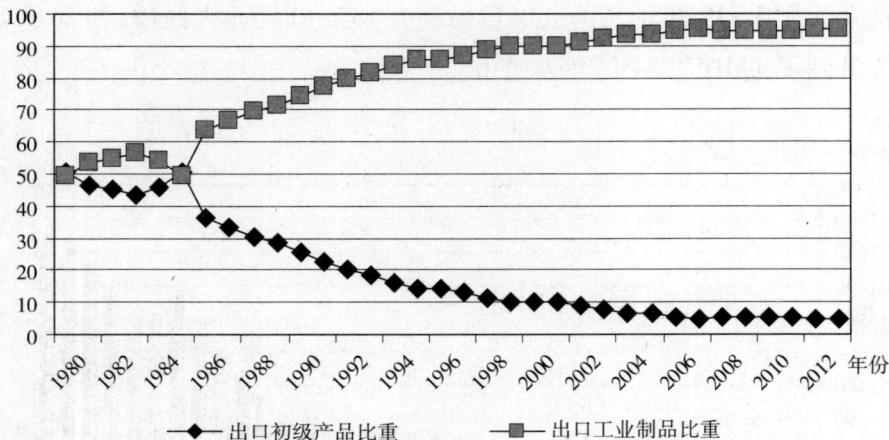

图 0-3　1980—2012 年中国出口商品构成

数据来源：司尔亚司数据有限公司（CEIC）数据库。

年,进口的中高技术商品占比下降为 35% 左右;自 2003 年起,进口的高技术商品占比开始超过中高技术商品占比。

　　然而,随着改革的深入,我国的经济增长方式、产业结构等所存在的问题也越来越突出。长期以来,我国经济发展依赖于人力、资本等生产要素的投入,这表明我国的经济增长模式主要是外延型的增长模式。但外延型的经济增长模式在推动经济迅速发展的同时,也带来了诸多的问题:一方面,我国作为"世界工厂",制造并出口大量廉价且低附加值的产品,耗用了大量的资源并带来了严重的环境问题;另一方面,我国由于大量的出口创造了巨额贸易顺差,加剧了我国同贸易伙伴国的贸易摩擦。从长远来看,外延型的经济增长模式是一种不可持续的经济增长模式。

　　汇率作为开放经济条件下一个重要的价格信号,将我国同外部经济密切联系起来。汇率的变动必然会影响国内生产要素的价格,使得生产要素流向不同的行业,最终影响我国的产业结构。同时,我国的产业结构、经济增长也以国际贸易、国际投资为纽带,同全球各国的产结构、国际分工紧密联系在一起。在国际分工日益深化、国内外产业链的上下游联动的大背景下，各国的产业结构已经突破了原有的国界，形成了世界范围内的产业体系。国家之间货物的流动、服务的流动、资本的流动、技术的流动、人力资本的流动都会改变一个国家的生产要素禀赋。而汇率作为两种货币之间的相对价格，直接引导这些生产要素的流动。汇率变动会引导各类生产要素流向生产效率更高、收益或利润率更高的行业或企业，并通过行业、企业之间的相互关联，影响到产业链上下游更多的行业和企业。因此，汇率的变动能够影响一个国家的经济结构、产业结构以及在国际分工中的地位。

具体到我国来看，人民币汇率升值除了可能影响我国的产业调整和升级，还有可能影响产业的区域转移。我国地域辽阔，各地区的资源、要素禀赋都有很大不同，经济发展水平差异也很大，地区经济发展不平衡。此外，我国各地区的经济开放程度也不同，对进出口和外资的依赖程度也不同；随着改革的深入和各地区经济的发展，各区域的比较优势也在发生动态的变化，因此，人民币汇率升值的冲击可能对不同地区的产业结构产生差异性效应，各地区资源、要素禀赋、比较优势的动态变化，可能引起产业在我国东、中、西部区域间的转移。

关于汇率的研究一直是国际经济学、国际金融学研究的核心问题之一。伴随着全球经济一体化的进程，世界各国之间的各种形式的贸易往来更加频繁，各类生产要素的流动也增加，世界各国的经济、市场正紧密地联结在一起。汇率的变动对相应国家的物价、产出等宏观经济变量会产生冲击。国外的研究多涉及汇率同产出、物价、就业、外商直接投资、国际贸易间的相关关系，却很少涉及汇率变动同产业结构变动之间的相关关系。本书将汇率变动同产业结构调整和产业的区域间转移联系起来，为汇率变动可能产生的影响提供一个新的视角。

此外，本书还力图研究汇率变动是通过怎样的渠道、机制作用于产业结构，影响产业结构的变动和区域间产业转移的。本书将以往的关于汇率变动对国际贸易的影响、对外商直接投资的影响、对流动性的影响更加深入一步，探寻汇率变动是如何通过这些渠道对产业结构和区域间产业转移产生影响的，对汇率变动作用于产业结构和区域间产业转移的机制做更深入的研究，力图弥补相关研究的不足。

改革开放以来，在开放经济条件下，我国产业结构调整、升级的动力不可忽略地来源于对外经济部门的发展。在经济发展过程中，我国的出口商品结构发生了显著的变化，产品资源禀赋从以资源密集型为主转变为以劳动密集型为主，这种升级的变化同人民币汇率的变动同时发生。人民币汇率作为国内外商品及生产要素的相对价格，其变动会通过对贸易结构、出口产品价格、资本流动的影响而作用于我国对外经济部门。人民币汇率变动除了影响对外经济部门外，它还通过汇率的传递效应，影响了国内的价格，从而影响了不同产业之间的资源配置，进而对产业升级和产业结构的调整产生了影响。

2005 年中国宣布人民币汇率制度改革以来，人民币开始逐渐升值。人民币汇率升值带来的影响深入我国经济体的方方面面，引起了国内广泛的关注。目前国内学术界大量的研究从总量的角度来分析汇率变动对国内经济的影响，主要涉及经济增长、对外贸易和就业等方面，但从产业层面上分析汇率变动对产业结构影响的研究相对较少。汇率作为重要价格变量，通过影响相对价格、对外贸易和国际资本流动，对开放经济条件下的产业结构调整具有重要的作用。因此，基于汇率变动的视角来研究产业结构的调整和升级具有重要的意义。

2008 年以来，伴随着次贷危机下全球金融市场的动荡，我国经济不仅面临着恶劣的国际环境、国内经济增长周期性回落，同时还面临着产业升级和产业结构调整。

因此，在这样错综复杂的外部经济条件下，研究人民币汇率变动对我国产业升级和区域间产业转移的作用，有助于我们了解人民币汇率变动有可能对我国不同地区、不同产业和行业产生怎样的冲击、产业结

构和地区之间的产业布局会发生怎样的调整，以及汇率的变动是通过
怎样的传导机制传导给企业和行业，以实现资源的最优配置的。该研
究能够对我国汇率政策、产业扶持政策和区域间的产业转移和协调发
展等方面有所启示。这对于中国未来经济的发展有着重要的实际意
义。本研究不仅有助于加深对产业结构调整、升级和产业的区域间产
业转移的宏观把握，同时也将对汇率政策的制定起到一定的指导作用。

第一章　汇率、产业结构相关
理论与研究简介

　　影响产业结构变动、调整、升级的因素有很多,现有的研究主要关注三方面内容:偏好相关的原因(需求因素)、技术相关的原因(供给因素)和政府政策方面的原因(制度因素)。

　　需求因素认为:随着消费者收入水平的提高,用于食品等维持日常生活的支出比例会不断下降。这样,由于消费者需求结构的改变,使得劳动力、资本等生产要素从生产率相对低的部门流向生产率相对较高的部门,推动了产业结构的改变。康萨姆特等(Kongsamut 等,2001)通过理论模型证明卡尔多"特征事实"的存在,并且进一步拓展了恩格尔法则,认为随着消费者收入水平提高,用于农产品的支出比重会下降,而用于服务业的支出比重会上升。

　　供给因素认为由于不同产业的劳动生产率和技术进步率的不同或者相关要素配置的比例的差异,导致了不同产业不同的增长率,因而导致了产业结构的变化。人力资本供给能显著地影响一个国家的产业升级。如果一个国家有丰富的人力资本,劳动力的受教育程度高,有较高的知识水平和熟练的劳动技能,那么该国新兴的、高层次的产业就会发展越快;反之亦然。张若雪(2009)利用固定效应模型对 1991 — 2001年中国省级面板数据进行了分析。他认为:中国的产业结构水平较低,并且长期处于产业链低端、升级缓慢,是因为陷入了"低技术均衡"。要打破这种"低技术均衡",除了要提倡技术创新,还要努力提高人力资本的水平,这就要依靠政府通过给技术创新予补贴,对劳动力的教育培训发放补助等手段来实现。

　　除此以外,制度因素也会对产业结构产生影响:金融发展或者金融抑制水平、宽松或者紧缩的货币政策、积极或消极的财政政策以及产业政策等都会作用于相关行业并引致产业结构的变化。傅进、吴小平(2005)认为金融业的发展能够提高要素投入的水平,促进资金形成;能够促进资源的优化配置,进而推动经济发展和产业结构升级。范方志、张立军(2003)将全国划分为东部、中部、西部,用 OLS 回归方法分析了各地区产业结构升级和金融发展之间的关系。他们发现:我国的中西部地区,由于金融发展程度较低,金融结构转变速度较慢,阻碍了中西部地区的产业结构升级以及经济发展。厄盖斯(Ergas,1986)通过对 6 个工业化国家的技术体制和政府政策之间的关系研究,发现不同导向的技术政策目标会对产业结构及其变化产生不同的影响。郭琪(2011)利用不变系数模型对 2003—2009 年我国东部、中部、西部的面板数据进行了实证分析,他发现:目前阶段,财政政策对产业结构调控的效果好于金融政策。但也有学者持有不同观点。李新(2006)、林亚楠(2010),用定性的方法分析了当前的财政税收政策,认为当前的财政税收政策激发了地方政府的投资冲动,重复建设问题突出,所以当前的财政税收政策导致了产业结构劣化。

　　然而,上述影响产业结构变动、调整和升级的因素未考虑在开放经济条件下外部因素对其产生的影响。汇率作为相对价格,其变动会通过对贸易结构、进出口产品价格、国际资本流动的影响而作用于一个国家的内部经济。汇率的变动改变了生产要素的相对价格,从而引导国内的资本、劳动力、技术等资源的重新配置,必将对该国产业结构的调整和升级产生深远的影响。

　　现有的关于汇率变动对产业结构的效应的研究,根据其研究的侧重点不同,大致可以分为两类:一类是侧重于汇率变动对产业结构变动、调整和升级的研究,主要研究内容包括汇率变动对不同产业的效应的研究,或者是对产业之间相对结构变动的研究;一类是侧重于对汇率变动导致产业结构变动、调整和升级的机制或者传导渠道的研究,主要包括汇率变动对产业结构影响的贸易渠道和对外直接投资(FDI)渠道等。本书将分别从这两个角度对相关文献进行梳理和总结。

第一节　汇率变动对产业和产业结构
变动效应的相关研究

关于汇率变动对产业或者产业结构的关系的研究,国内外的学者研究的侧重点不同。国外的学者较少直接研究汇率和产业结构变动的相关关系,他们通常关注汇率变动对价格水平、生产率、产出等宏观变量的影响,或者汇率变动对制造业或制造业中某个特定的行业的影响。

约安·黄(Juann Hung,1992)认为美国大量地进口和出口工业品,因此美国制造业企业更容易受到汇率变动的冲击。总体来说,尽管汇率的价格传递效应是不完全的,但也不可能为零。在出口量减少和将出口收入兑换成本币时本币数额的减少这两个因素共同作用下,美元的升值会减少出口企业的利润。拜格斯(Baggs,2009)发现,国内货币的升值对制造业企业的持续经营起到负面作用并显著减少了他们的销售额。克莱瑞达(Clarida,1991)发现即便在控制了产出、成本、相对价格后,汇率的波动对于美国制造业企业的利润依然有显著影响。拜格斯等(2010)认为,汇率变动对服务行业的影响,在方向上与制造业受到的影响是一致的:本币的升值淘汰了部分生产效率低下的企业;同时,留存下来的企业的销售额也减少了。汇率变动显著地影响服务业企业的利润,但对其利润和销售额的影响要显著小于制造型企业;但汇率变动也能影响企业能否继续生存下去,在这一点上对服务型企业的影响要大于制造型企业。

关于我国人民币升值是否会有利于我国的产业结构调整和升级，学者们普遍认为：人民币升值会促进我国的产业升级。巴曙松、王群（2009）用协整模型、格兰杰因果检验等方法对实际汇率变动对我国的产业结构影响进行了实证分析。他们发现实际汇率的变动的确对资源的重新配置起到了作用，由于实际汇率的上升，一部分生产要素和生产资源流入非贸易部门如服务业部门，使得这些部门占国内生产总值比重相应上升。短期内，实际汇率升值使得占第二产业比重较大的工业部门，也即贸易品部门受到较大冲击，一些生产效率低下的企业被淘汰。长期来看，较低端的工业部门有很大的技术进步和改造、资源优化配置以及资本深化的空间，使得这一部门的生产率能快速提升，并因此吸引资源持续流入，其产值占国内生产总值的比重也会上升。同时，该部门也会吸引更多的外商直接投资。由于外商直接投资会带来技术、知识和管理的溢出，工业部门的生产效率将进一步提高。黄先军、曹家和（2010）从价格传递效应角度来分析人民币汇率变动对产业结构调整的效应。他们发现汇率变动通过汇率的价格传递效应来调整产业结构调整的路径为：汇率变动引起贸易品价格变动，进而引起生产要素的价格变动，最终推动国民总价格水平变动，进而引起国内的劳动、生产资料等要素的价格发生变动，并在不同部门之间重新配置，最终使得经济中各部门的生产结构发生变化，实现了产业结构的调整。林丽梅（2011）研究发现，人民币升值使得以劳动密集型企业为主的第一产业的贸易收支情况恶化，对第二和第三产业的贸易收支情况起到了改善的作用。人民币升值使得资源得到重新配置，出口产品的结构也得到优化，一批低效的劳动密集型企业被淘汰。另外，人民币升值促使外商直接投资从成本导向型向市场导向型转变。因此，人民币升值有利于我国的产业结构调整和升级。

第二节　汇率变动、国际贸易和
产业结构的相关研究

一、汇率变动对国际贸易的效应

关于汇率变动对国际贸易收支的理论中,最具代表性的理论是弹性分析法。弹性分析法的主要内容包括:(1)同行业具有不同的进出口弹性,因此汇率变动对不同的行业也具有不同的效应;(2)由于汇率变动对于进出口的影响有一定时滞,因此汇率变动对对外贸易的短期和长期的影响是不同的;(3)当马歇尔—勒纳条件成立时,也即进口和出口的需求弹性之和大于 1 时,本币货币贬值会导致本国出口增加,进口减少。基于这一理论,国外学者对汇率变动与进出口贸易之间的关系进行了大量的研究,但所得结论不尽一致。比奥德(Byod,2001)用 VAR,VECM 和 ARDL 模型分析了 8 个经济合作与发展组织国家的实际汇率和贸易收支的关系。他发现:从长期来看,马歇尔—勒纳条件对 8 个国家中的 5 个(法国、德国、日本、荷兰和美国)是成立的。罗斯(Rose,1991)对美国、英国、德国、加拿大等国家 1974—1986 年的数据进行了分析,结果显示这些国家的进出口同它们的实际汇率之间并不存在协整关系,马歇尔—勒纳条件不成立。

国内的学者也越来越多地关注人民币汇率变动对我国贸易收支的影响。沈国兵(2005)用 1994—2002 年的年度数据和 1998—2003 年的月度数据计量发现:美国和中国之间的双边贸易收支与人民币名义和实际汇率之间并不存在稳定的协整关系,因此,人民币升值并不能解决美中两国之间的贸易收支不平衡问题。封思贤(2007)发现人民币实际有效汇率对我国的进出口有显著的影响,因此马歇尔—勒纳条件在我国成立。人民币实际有效汇率贬值会促进我国出口,减少进口,从

而有利于改善我国的国际贸易收支改善。卢向前、戴国强（2005）用
VAR 方法对 1994—2003 年人民币实际有效汇率指数与我国进出口之
间的长期关系进行了检验,结果显示,人民币实际有效汇率波动对我国
进出口有显著的影响,马歇尔—勒纳条件在我国成立。

　　在前人研究的基础上,又有学者提出了"J 曲线效应"。"J 曲线效
应"认为:汇率变动不会在短期内改善贸易收支,而存在一定的时滞。
本币贬值在短期内可能使得国际贸易收支状况更加恶化,但经过一段
时间后,在出口供给和进口需求都做了一定调整后,国际贸易收支的状
况才会逐渐改善。巴赫马尼—奥斯库伊和拉塔（Bahmani-Oskooee 和
Ratha,2004）考察了美元贬值对美国与若干发展中国家双边贸易的短
期和长期效应。他发现:对一部分发展中国家 J 曲线效应是存在的,但
对另一部分国家却不存在。美元升值对其双边贸易伙伴有利。封思贤
（2007）发现进口和出口的调整相对于汇率的变动会有一定时期的滞
后,从而推断"J 曲线"效应在我国确实存在。徐明东（2007）在考虑了
FDI 存量和我国的加工贸易后发现:人民币实际有效汇率变动对贸易
收支影响存在"J 曲线"效应,时滞大概为 5 个月。叶永刚、胡利琴和黄
斌（2006）用 1995—2004 年的季度数据分别对中国和美国以及中国和
日本的进出口贸易进行了研究。他们发现:中国对美国的进出口贸易
收支只在初期时表现出较为微弱的 J 曲线效应,但 J 曲线效应基本上
不存在。而中国对日本的进出口贸易则不存在 J 曲线效应。

　　随着 20 世纪 70 年代布雷顿森林体系的崩溃,许多国家的名义和
实际汇率都出现了波动。在这样的背景之下,许多学者开始关注汇率
波动对国际贸易的影响,但并没有形成共识。裴德瑞（Choudhry,2005）
研究了美元实际汇率和名义汇率的波动对美国与加拿大和日本的出口
的影响。他发现:名义汇率的波动对美国同加拿大和日本之间的双边
贸易有显著的负面影响;而实际汇率的波动对上述变量的影响并不显
著。胡裴和寇哈根（Hooper 和 Kohlhagen,1978）从风险偏好的角度分

析了汇率波动对贸易的影响。他们发现:风险厌恶型的企业在面临汇率波动的风险时,通常会通过减少贸易量来规避可能的风险。

二、国际贸易对产业结构的影响

古典贸易理论认为:各个参与国际贸易的国家,各自根据自身的比较优势来引导国内资源的配置,实现国内资源配置的最优化,并专业生产其最具比较优势的产品。新增长理论的代表人物索罗(Solow,1956)提出通过开展国际贸易,能在相对较短的时间内积累专业化的知识和人力资本,并获得技术溢出效应,有助于促进一国贸易结构的改善,并带动产业结构的升级。弗农(Vernon,1966)提出:工业先进国家要积极参与国际分工,利用国际分工带动国内的产业结构从劳动密集型向更高层次的资本和技术密集型结构演进。

实证研究方面,迈凯力(Michaely M.,1997)发现出口可以实现对资源的优化配置并有利于技术转移,通过这两个途径提高了全要素生产率并最终促进产业结构的调整。彼得·C.Y.周(Peter C.Y.Chow,1987)对8个新兴工业化国家的出口增长和工业发展的关系进行了研究。他发现在出口增长和工业发展之间存在着显著的双向因果关系。发展中国家出口拉动型的经济增长策略,不但有利于促进国民收入的增长,同时也有利于产业结构升级和经济结构转型。

国内学者也越来越多地关注贸易结构和产业结构的相关关系。刘秉镰、刘勇(2006)通过聚类分析法对中国各省区的产业结构升级能力进行了研究。他们发现:中国的产业结构升级能力同经济的外向程度表现出很高的相关性,产业结构升级能力最高的地区同时也是经济外向度最高的地区。李荣林、姜茜(2010)用相关性检验、协整检验等计量方法,研究了进出口贸易结构对产业结构的影响。他们发现:我国的低技术和中等技术行业的出口贸易结果对产业结构具有先导效应,但在经济发展的不同时期和阶段,其相关性有所不同:在改革开放初期,国内产出和需求结构决定了贸易结构;随着我国经济对外开放度的提高,贸易结构与产业结构的联系越来越紧密,贸易结构对产业结构的影响也越来越大。孙晓华等(2013)用半对数模型和结构效应等方法对对外贸易结构与产业结构之间的关系进行了研究。他们发现:我国工业制成品的进出口有利于降低第一产业比重,增加第二产业比重,这体现了我国正从工业化初期向工业化中期跨越;从结构效应角度看,我国的进出口结构同产业结构升级存在着显著的正相关关系。

但也有学者持有不同观点。孙中叶(2011)认为,我国的出口结构变化并没有推动产业结构升级。这主要是因为外商投资企业把生产链条中最低端的加工或组装环节转移到中国。加工贸易的迅速发展,使得贸易量迅速增长,并且从表象上看,我国的出口产品结构正在从劳动密集型产品向资本和技术密集型产品升级,但这种效应却并不真实存在。赵岩等(2012)用面板数据方法分析了我国的贸易结构同产业结构升级之间的关系。他们发现:工业制成品的出口非但没有拉动我国第二产业和第三产业的发展,反而有严重的挤压效应;加工贸易出口对产业结构升级也没有很强的效应;中间产品的进口则制约了我国产业结构的升级。袁欣(2010)认为对外贸易结构和产业结构是同源的、高度正相关的。正常情况下,一国的贸易结构和产业结构之间存在着耦合关系。对外贸易活动有利于积累技术进步,因而有利于产业结构和贸易结构的升级。但中国却由于大量的加工贸易的存在,使得中国的贸易结构并不真实地反映产业结构。陈虹(2010)通过对中国1980—2008年贸易结构与产业结构的结构变动指标数据,运用格兰杰因果检验、方差分解等方法发现:进口结构的变动引起了产业结构的变动,产业结构的变动引起了出口结构变动。产业结构的变化主要来自自身,而不来自贸易结构。

第三节　汇率变动、外商直接投资和
产业结构的相关研究

一、汇率变动对外商直接投资的影响

关于汇率变动对外商直接投资的影响,目前学术界还有很多争论。一部分学者认为由于货币贬值,东道国的生产要素的相对成本会相应降低,因而对外商直接投资更具吸引力。寇哈根(Kohlhagen,1977)用静态模型分析了东道国货币贬值对跨国公司投资的影响。他认为东道国货币贬值会刺激跨国公司扩张他们在海外市场的生产能力以满足当地市场的需求。库什曼(Cushman,1985)建立了一个两期的动态模型,发现符合预期的基于风险调整的实际汇率贬值会减少外国投资者的生产成本,因此,有利于吸引外商直接投资的流入。福路特和斯坦(Froot和Stein,1991)将市场信息不对称因素引入模型,他们的研究发现:东道国的货币贬值实际上增加了外国投资者的相对财富,刺激了外国投资者获取更多东道国国内的资产。他们分析了美国的十三个行业的外商直接投资水平和汇率水平的变动,发现美元贬值与外商直接投资的数量之间存在正相关关系。博朗尼根(Blonigen,1997)提出:市场的割裂使得外国投资者在东道国货币贬值时能获取更多的资产。通过对日本公司在美国的投资数据分析,他发现日元升值显著地刺激了日本公司对美国的资产的收购,也即,美元相对于日元的贬值,使得日本跨国公司增加了他们在美国的投资。邢和赵(Xing 和 Zhao,2003)认为由于生产产品的差异化以及品牌认可方面的障碍,日本的跨国公司从对外直接投资中由于货币贬值获取的收益比在本土经营的公司大,因此有利于这些跨国公司追加在海外的直接投资。邢和万(Xing 和 Wan,2006)研究了 1981—2002 年期间日本对中国和四个东南亚国家联盟

（ASEAN）国家九个制造行业的投资。他们发现日本对中国和四个ASEAN国家在制造业的直接投资受到这些国家的货币对日元汇率的相对升值状况的影响。日本企业的直接投资从 ASEAN 国家流出,转而流向中国,在很大程度上源于在过去二十年间日元对人民币的累积升值效应。他们由此得出结论:如果外商直接投资的东道国之间存在着竞争关系,东道国之间的相对货币升值会减少外商直接投资的流入,而这些投资会流入与其竞争的国家。

上述理论却无法解释在 20 世纪 80 年代后期,尽管美元持续贬值,但美国对外的 FDI 数量却持续上升。很多学者持有相反意见:认为东道国货币升值有促进 FDI 增长的作用。麦克古洛奇(McCulloch,1989)指出,尽管东道国的货币贬值使得资产变得便宜,但与此同时,外国企业通过 FDI 投资,在东道国市场上获取的投资收益也将按该汇率被兑换成宗主国货币,因此预期收益也由于东道国的货币贬值减少了。怀特莫等(Whitmore 等,1989)发现本币对美元的升值,使得大量外商直接投资流入新兴工业化国家。

还有的研究认为东道国的货币升值对直接投资的效应并不确定。泰维诺(Trevino,2002)等分析了流入拉美国家的外商直接投资。他发现东道国国内的生产规模、市场化程度以及消费者物价指数等因素对外商直接投资有显著的影响,而汇率受到外商直接投资的影响却不明显。

关于人民币汇率变动对我国引进外商直接投资的影响,我国学者也做了大量研究。于津平(2007)用理论模型对跨国公司的 FDI 行为做了微观分析,他认为东道国的货币升值对于不同类型的外商投资作用各不相同。其中,资源导向型的外商投资,由于对成本较敏感,会使这类投资减少,而市场导向型的直接投资会增加。他又对上述两种企业做了细分,在资源导向型的直接投资中,劳动密集型的项目受成本因素影响更大,因而投资数量的下降高于资本密集型项目;相较而言,在市场导向型的直接投资中,东道国货币的升值使得对于劳动密集型项目的直接投资上升得快于资本密集型的项目。此外,东道国货币的升值,使得东道国的产业结构发生了一定程度的变化:资源导向型的投资项目数量减少,而市场导向性的投资项目增加了。他据此推断,外商直接投资的结构和数量受到汇率水平变化的显著影响。程瑶、于津平(2009)用 EGARCH 模型、格兰杰因果检验和误差修正模型等技术方法分析了 1980—2006 年间的外商直接投资,他们发现人民币升值与资源导向性的外商直接投资呈负相关关系,却与市场导向型的外商直接投资呈正相关关系;另外,人民币升值对规模较大的外商直接投资的增长有刺激作用,却对规模较小的外商直接投资有抑制作用。黄静波、曾昭志(2010)认为从长期来看,人民币汇率的变动对我国外商直接投资的影响具有不确定性,人民币的升值显著地刺激了市场导向型外商直接投资的流入,减少了成本导向型外商直接投资的流入,但效果不明显。从短期来看,汇率的变动对外商直接投资流入的影响不显著。徐伟呈、范跃进(2010)用协整检验、格兰杰因果检验、误差修正模型等技术方法对 1978—2008 年的数据对人民币的实际汇率同美国、日本和欧盟对中国的直接投资进行了分析,他们发现人民币对美元实际汇率的升值使得美国对中国的外商直接投资增加了。

二、外商直接投资对产业结构的效应

关于外商直接投资对一个国家的产业结构会有怎样的效应,国内外学者做了大量的研究,但对这个问题,学术界依然存在很多争论。

一种观点认为:外商直接投资能够对一个国家产业结构调整和产业结构升级有正面效应。一些学者从国际贸易的角度证明外商直接投资对东道国产业结构的升级效应。里奥伊德(Lioyd,1996)认为外商直接投资对东道国产业升级有重要意义。因为跨国公司通过在全球范围内寻求最优的资源配置,以求扩大市场。通常跨国公司对海外的直接投资具有很强的出口导向倾向,因此,外商直接投资能够促进东道国产品的出口,有助于东道国改善出口产品结构,并进而推动东道国的产业升级。有的学者从技术溢出的角度证明外商投资对东道国产业结构的升级效应。凯吾斯(Caves,1974)研究了外商直接投资对澳大利亚和加拿大制造业的效应。他发现外商直接投资对澳大利亚的制造业有显著的正向溢出效应,但对加拿大,却由于其关税保护政策而对其制造业产出水平没有显著的提升。寇克(Kokko,1996)研究了 1988 年外商直接投资对乌拉圭制造业内部的溢出效应。他们发现外商投资对部分本地企业有显著的正的技术溢出。他们认为这是由于不同企业对技术溢出的吸收能力不同造成的。还有的学者从外商直接投资弥补国内储蓄不足的角度开展了研究。钱纳里(Chenery,1966)提出了“双缺口模型”理论。该理论认为:当国内的储蓄短缺存在“储蓄缺口”,进而抑制了国内的投资需求时,应该从国外引进资本。通过外国储蓄的流入,可以刺激国内的投资;当国内出口小于进口时,存在“外汇缺口”,外资的流入能弥补该缺口。外商直接投资对储蓄和外汇缺口的弥补,能够有效地解决东道国发展过程中资金受限的问题,进而推动该国产业结构的优化。

关于流入我国的外商直接投资对我国产业结构的升级效应,也有大量学者做了深入研究。张帆、郑京平(1999)认为:1992 年以后,中国的部分外商直接投资开始从劳动密集型向技术密集型转变。外商直接投资总体上能够促进中国经济结构向具有更高的资源效率转化。王海军(2009)用协整检验方法研究了 FDI 同我国产业结构变迁的影响,他发现:FDI 有利于促进第二产业就业并实现就业和人口非农化;FDI 能显著地促进第二产业产出的增长,但对第三产业的影响不大。赵晋平(2001)发现对外商直接投资的利用对我国产业结构的调整有显著的影响。但具体到各个行业来看,影响程度各有不同:对第三产业的影响最大,对第二产业的影响次之,对第三产业的影响最小。李雪(2005)

用时间序列方法对1983—2003年的数据进行了分析。他发现:我国外商直接投资存在着产业结构效应,但外商直接投资与产业结构变动之间却不存在着长期稳定的关系。因此,短期内,外商直接投资能够促进我国产业升级。另外,外商直接投资对第二产业的贡献最大,对第一、三产业的贡献相对较小。因此应引导外商直接投资更多地投向第一、三产业。

但对外商直接投资对产出和产业结构的效应,也有学者持不同观点。他们认为外商直接投资产生"挤出效应"可能不利于国内企业的发展。另外,发达国家对专利、高新技术的严格管控,使得发展中国家很难通过与外商合资建厂获得核心技术,这从长远来看,不利于发展中国家掌握核心技术,不利于技术溢出,反而导致国内经济发展对外资的过度依赖,并且本国的支柱企业的成长也受到抑制。特别是在当前国际分工的背景下,外商将技术含量低、劳动密集的加工组装产业转移到发展中国家,发展中国家始终处在产业链条的最低端,因此外商直接投资不利于发展中国家的产业结构升级。

鲁博等(Rueber,1973)的研究表明:如果外商直接投资企业主要从事劳动密集型的行业并且以出口为导向,那么这类投资就不会产生足够的关联效应,对东道国的产业升级没有积极作用。周光友等(2005)认为大量引进外资抑制了中国工业化进程。外商直接投资的引进没有促进我国正规制造业的升级,反而使得中国经济对外资过度依赖,使得我国正规制造业萎缩。郭克莎(2000)认为外商直接投资大多集中于我国的第二产业,对第一产业和第三产业的投资比重偏低,加剧我国原本就存在的三产产业发展结构不平衡的问题。但在工业部门内部,由于外商直接投资的涌入,激烈的竞争有力地推动了第二产业内部的技术进步和生产率提高,但却进一步使得工业和第一、三产业的发展水平差距扩大。

第四节　汇率、国际收支、货币供应量
和产业结构的相关研究

相对而言,汇率变动影响产业结构的国际贸易和外商直接投资渠道是两条比较直接的渠道。然而,汇率变动还有可能通过影响国际收支而影响外汇占款,通过外汇占款影响基础货币的投放,并通过货币乘数,进一步放大这种作用,影响到货币供应量,最终通过货币供应量的变动影响产业结构。目前,还没有直接论述汇率变动影响货币供应量,并通过货币供应量影响产业结构的相关关系的文献,但国内外却有相对较多的关于货币内生性、货币供应量同产业结构的相关研究。

一、汇率、国际收支和外汇储备与货币供应量的相关研究

20世纪60年代,蒙代尔(Mundell)和弗莱明(Fleming)提出了开放经济条件下的蒙代尔—弗莱明模型。根据该模型,一个国家在开放经济条件下,如果采取固定汇率制度,并且允许资本自由流动,那么国际收支赤字会减少该国货币供给量;反之,如果国际收支盈余,则该国的货币供给量增加。后来的学者对汇率和货币供给的相关关系做了大量研究。科奈尔(Cornell,1982)认为:短期内货币供给影响利率,利率的变化影响汇率;汇率上升、美元升值与美元货币供给的增加是相互作用的。伊格和弗兰克尔(Eagel和Frankel,1984)观察到一个有趣的现象:当美联储宣布货币供应量大于预期的时候,利率上升,并伴随美元的升值。他们认为出现这样的现象,原因在于:市场预期这样的货币供应量只是一个短期的现象,美联储一定会在将来减少货币供应量。预期的银根紧缩会推高当期的利率,引起资本流入,美元升值。

我国的学者对我国货币供给的内生性问题进行了研究,并一致认

为:我国持续增加的贸易顺差使得外汇占款增加,我国的货币供给在近几年有较强的内生性,央行的货币政策的独立性被削弱。张会清、王剑(2011)认为:在开放经济条件下,外国的低利率或者货币供应量增加的政策导致外国的消费需求增加,导致中国出口增加。净出口的上升使得中国国内产出增长。另一方面,由于对人民币升值的预期,使得出口企业选择将出口外币结汇,增加了企业存款账户的货币供应、国内外汇占款和基础货币投放。谭小波、张丹(2010)认为,我国在2000年后,国际收支持续保持较大的顺差,产生大量外汇占款,又由于我国的结售汇制度,迫使央行经常在外汇市场上购入外汇,引致基础货币的投放增加。加之,近年来人民币升值的预期普遍存在,大量投资者抛售外汇,购买人民币,外汇市场上人民币的需求大于供给,而维持稳定汇率是央行的一个重要的政策目标,央行不得不在外汇市场上卖出人民币,买入外汇。这意味着基础货币投放的渠道除了再贷款外,还有另一个渠道为外汇占款。外汇储备增加引起外汇占款增加,使得我国基础货币投放增加,再通过货币乘数效应,使得货币供应量大幅增加。因而增加货币供给的内生性,影响了央行货币政策的独立性。法文宗(2010)认为外汇储备的迅速增长,通过影响基础货币投放而影响了货币供给,并使得货币供给的内生性增强,货币政策的灵活性、主动性和独立性都被大幅削弱。黄宪(2009)认为在2002年以来,我国经常项目和资本项目出现了"双顺差",使得我国外汇资产迅速扩大,央行在外汇市场上大量购买外汇使得外汇占款的增加主导了我国基础货币的被动投放,进而影响了中央银行对货币供应量的控制能力。

还有学者对人民币汇率变动对我国货币供给的影响机制和渠道进行了研究。王帅林(2012)发现人民币汇率波动通过国际收支的经常项目路径、资本和金融项目路径以及储备资产路径传导到国内;随后又通过公开市场操作路径和信贷传导路径影响我国的货币供给。

二、货币供应量和产出、产业结构的相关研究

中央银行通过扩张或者紧缩的货币政策或者公开市场操作来改变商业银行的资产负债表的结构和规模,以实现其对货币供应量的调控,最终会影响社会总产出。中央银行的货币调控行为必然影响商业银行的可贷资金或其融资成本,因而影响银行的信贷规模。银行的信贷规模的改变会影响企业的融资成本和负债规模,进而影响企业的投资水平、产量和营业收入。各产业由于各具特点,使其从商业银行获得的贷款规模各不相同,加之其自身的特点,如对银行贷款的依赖程度、行业的资金密集度、行业的规模等的不同,使得不同行业对货币供应量变化的反应不同,引致各产业产出和产业结构的变化。

国外的研究大多侧重于货币政策的变化对相关行业的产出的影响。甘力和萨尔曼(Ganley 和 Salmon,1997)研究了英国的货币政策对建筑业、服务业和制造业以及 24 个制造业行业产出的影响。他们发现:紧缩的货币政策对建筑业的冲击最大,其次是制造业。制造业中,紧缩的货币政策对规模较小的企业冲击更大。巴斯和雷米(Barth 和 Ramey,2000)发现货币政策对美国不同的制造业行业的影响是不同的。他们认为这是由于货币政策的供给渠道造成的。雷达兹和雷格本(Raddatz 和 Rigobon,2003)发现货币政策对耐用消费品、非耐用消费品和居民住宅行业的投资有显著的影响,但对基础设施建设行业的投资却没有太大影响。卡立诺和德菲娜(Carlino,G 和 DeFina,R,1998)用 SVAR 模型对美国 1958 年 1 月至 1992 年 4 月的数据进行了分析。他们发现美国不同的州对货币政策的反应是不一致的。他们认为造成这一现象的原因在于不同州的制造业的产出份额不同,这从另一个角度验证了货币政策传导的信贷渠道的存在,同时也说明货币政策的区域效应差异实质上是货币政策的产业效应差异的反映。

中国的学者除了对货币政策冲击的行业异质性进行了研究外,还

研究了货币政策对不同产业的冲击效应以及对产业结构的影响。叶蓁（2010）用上市公司的面板数据对我国货币政策的产业异质性进行了研究。他发现：货币政策变化对不同行业冲击效应显著不同：农林牧渔业、社会服务业和传播与文化产业对货币政策冲击几乎没有反应，而制造业、房地产业却对货币政策变化很敏感。杨达（2011）通过建立门限向量自回归模型对我国货币政策的产业非对称效应进行了研究。他发现：中国的货币政策对不同产业产出的影响存在非对称效应。第一产业和第三产业对货币政策的冲击较敏感，第二产业对货币政策的冲击较不敏感并且作用时滞较长。王剑、刘玄（2005）的研究表明：以服务业为代表的第三产业和以工业为代表的第二产业对货币政策反应较为敏感，而以农业为代表的第一产业则几乎没有反应。在第二产业内部，建筑业对货币政策变化最为敏感，而能源、原材料业对货币政策的变化不敏感。从反应的时滞来看，纺织、轻工业等劳动密集型工业部门对货币政策的变化反应迟缓，而石油、化工、机械等资本密集型工业部门的货币政策的反应时滞较短。曹永琴（2011）认为：运营资本比重高的行业、平均规模小的行业、财务杠杆高的行业以及劳动密集型行业更容易受到货币政策冲击的影响；货币紧缩使得中小型企业和劳动密集型行业受到冲击，会加剧中国的失业问题。

第五节　产业转移的相关研究

对于产业转移的概念，目前尚无明确定论。简单地说，产业转移是指产业在地理空间上的移动。但具体说来，产业转移是指，发达国家或地区的产业顺应资源要素禀赋条件的变化或者产品生命周期的变化或者由于市场对产品的需求条件的变化，通过大量微观企业跨区域的直接投资，把部分产业转移到欠发达国家和地区，是一种产业在空间上移动的现象，也是一种资源优化配置的过程。

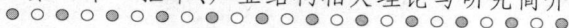

　　产业转移与产业结构调整之间存在着互动关系。一方面,产业结构升级促进了要素禀赋的动态变化,推动了产业转移到其他国家和地区。另一方面,产业转移实现了资源的优化配置,有利于促进产业转出地区和转入地区的产业结构优化、调整和升级。

　　国际学术界关于产业转移的研究,已经形成了较完整的理论体系。最具有代表性的理论主要有:赤松要的"雁行模式"理论,弗农的产品生命周期理论和小岛清的边际产业扩张理论。

　　赤松要在研究了日本明治维新后棉纺业的发展历程后发现,由于棉纺行业生产技术的落后,迫使日本从国外进口大量棉纺织品产品;但随后,该产品本国的产量也会增加,本国生产的产品逐步取代进口产品;最后,日本开始向国外出口该产品并且出口持续增长。赤松要认为,日本的产业通常经历了进口—本土生产—开拓出口—出口增长四个阶段并呈周期循环(李轶敏,2008)。雁行模式反映了产业转移的过程,同时也发现,产业转移对于产业结构升级有推动作用。

　　弗农(1966)的产品生命周期理论认为:产品周期分为创新产品、成熟产品和标准化产品三个阶段。当产品处于创新和成熟阶段时,创新国生产和出口该产品;当产品处于标准化产品阶段时,欠发达的国家开始生产并出口到创新国。因此,伴随着产品的生命周期的变化,产业也有一个新兴、发展、成熟和衰退的过程,而产业转移正是企业为了顺应产品生命周期的变化、回避产品生产的比较劣势而实施的空间转移,是产品生命周期特定阶段的产物。产业转移将通过生产要素转移、区域资源利用、产业关联带动、产业技术溢出和主导产业形成等方式推动欠发达区域的产业成长和升级。

　　小岛清结合了赤松要的"雁行模式"理论和弗农的产品生命周期理论,提出了边际产业转移理论。他认为:对外直接投资应当依据比较成本原理进行判断,鼓励本国已经处于或者即将处于比较劣势的产业(边际产业)进行对外投资,通过产业的空间移动,回避产业劣势。

目前国内关于产业转移的研究多是定性分析。张继焦(2011)分析了中国地区之间产业之间的影响因素,认为资源和要素成本是区域产业转移的直接原因。尹磊(2010)认为我国东部地区已经从初级工业化阶段进入高级工业化阶段,需要由规模扩张向结构提升转变,因此出现了加工业和低端的劳动密集型产业向西部地区转移的趋势。但西部地区在承接东部产业转移的过程中,存在许多问题:西部地区现有的只是资源优势而不是竞争优势;西部地区产业配套不足;西部地区承接产业转移的企业效率低下。针对这些问题,他认为西部地区应该培育发展优势产业、搭建产业链平台。戴宏伟、王云平(2008)分析了产业转移与产业结构调整之间的互动关系。他们认为,一方面,各国或地区的产业调整和升级推动了产业的跨国或者跨地区的转移;另一方面,产业转移又促进了各国或地区的产业结构优化和调整。

国内关于产业转移的实证研究相对较少。蔡昉等(2009)在金融危机背景下及大国假设下,实证了21世纪以来中国地区制造业增长和生产率提高的格局变化。他们发现,我国的东北和中部地区比沿海地区有更快的全要素生产率提高速度和贡献率。通过沿海地区的产业结构向技术和资本密集型升级,将劳动密集型行业转移,由中西部地区来实现产业的承接,可以在中西部地区发挥其劳动力丰富的比较优势,同时使劳动密集型产业在中国延续。

上述文献多是仅关注产业转移的模式、动因、产业转移与产业结构升级的关系以及影响产业转移的因素。在影响产业转移的因素中,通常只讨论产业移出地区和产业承接地区的条件,却没有文献讨论过由于汇率变动等外部因素的影响,对产业转移的作用。事实上,汇率变动,必然引起生产要素价格的变动,使得各地区的要素禀赋发生变化,这将推动各地区的比较优势发生动态的变化,各地区根据这种变化,相应地调整产出,一些产业从具有相对比较劣势的地区流入具有比较优势的地区,形成了产业在地区之间的转移。

第六节　现有研究和理论评述

从现有的国内外研究来看,大部分研究都是关于汇率对经济总量、对外贸易总量、利率、价格以及就业等变量之间的相关关系的研究。然而,关于汇率变动对我国产业结构升级可能产生的影响的研究相对较少,关于汇率变动可能产生的区域间产业移动效应更是鲜有文献涉及。汇率反映的是一个相对的价格,其上升和下降将能对生产要素和社会资源起到重要的配置作用。当汇率变动,必将通过汇率的价格传递效应冲击传递给国内的所有企业和行业。又由于各个企业和行业并不是孤立存在的,它们共同存在于整个社会大生产中,是彼此相互竞争,相互依存,相互关联的,汇率变动对于一个企业或者行业的影响会通过企业和行业之间的彼此联系传导给其他的上下游企业和行业,进而使整个经济内部产生结构性变化。因此,研究汇率变动对我国产业结构的影响就有着重大的现实意义。

此外,大多数研究者都没有对汇率变动影响我国产业结构和区域间产业转移的内在原因和其中机理进行深入研究。他们对于汇率的变动冲击是如何通过价格传递、对外贸易和外商直接投资等中间变量传导到相关经济部门,引起各部门的产出、结构发生相应的变化以及区域间产业的转移这整个过程尚未进行深入的探讨。

第二章 人民币汇率制度与中国产业结构的变化

第一节 人民币汇率制度的演进

伴随着人民币汇率制度的变化,人民币汇率水平也发生相应的变动,而人民币汇率制度的调整和变化又基于整个经济体制的变化和经济发展的需要。具体来说,人民币汇率制度的演进以及汇率的变动经历了四个主要阶段。

一、1949—1952 年:国民经济恢复时期

在这一时期,主要采用浮动汇率制度。由于新中国刚刚成立,百废待兴,外汇严重短缺,因此当时采用"奖励出口,兼顾进口,照顾侨汇"的方针。人民币汇率主要根据人民币对美元的出口商品比价、进口商品比价和华侨的日用品生活费比价三者的加权平均值来确定。但由于当时采用的是浮动汇率制度,汇率在很大程度上受到国内外物价的影响,因此,当国内物价快速上涨时,人民币对美元持续贬值,并且,人民币对美元的汇率频繁波动。

二、1953—1980 年:计划经济时期

这一时期又分为两个阶段。

第一阶段:1953—1972 年。由于西方主要国家实行固定汇率制

度,因此各主要经济体的汇率相对稳定。我国在这一时期实行单一固定汇率制度。国内层面,由于我国的计划经济体制,价格受到政府控制,因此这一时期国内物价水平也较稳定。因此,在这一时期,人民币对美元的汇率基本维持在1美元兑换2.46元人民币水平上。

第二阶段:1973—1980年。在这一时期,由于西方世界的石油危机,布雷顿森林体系的崩溃,西方各国普遍采用浮动汇率制度,汇率波动较为频繁。这一时期,我国的汇率政策一方面要努力避免受到西方国家频繁波动的汇率的拖累,维持汇率的相对稳定,以利于出口;另一方面,人民币的汇率定价要顺应国际外汇市场的变动,能为世界各国所广泛接受,以利于贸易结算。基于这样的背景,人民币汇率参照西方主要国家汇率的波动状况,采用"一篮子"货币进行加权平均的方法确定。在这一时期,人民币对美元的汇率从1972年的1美元兑换2.46元人民币逐步升值到1980年的1美元兑换1.5元人民币。

三、1981—1994年:经济转轨时期

这一时期也大概分为两个阶段。

第一阶段:1981—1984年。在这一时期,我国实行双轨汇率制度。人民币的官方汇率适用于旅游、运输等非贸易收支;贸易内部结算价适用于进出口贸易核算。这一时期的官方汇率由1981年的1美元兑1.5元人民币调整到1984年7月的1美元兑2.30元人民币。贸易内部结算价则确定在1美元兑2.80元人民币。

第二阶段:1985—1993年。前一时期推行的双轨汇率制有利于鼓励外贸企业出口创汇,有利于外汇储备的累积,但却并未完全消除人民币汇率的高估问题。1985年,我国提高了出口企业的外汇留成比例,并在深圳试点成立我国第一个外汇调剂中心,外汇调剂市场的汇率由市场供求状况决定,与市场接轨。1988年开始在全国各地设立外汇调剂中心,进一步增加外汇留成比例。与此同时,我国多次下调人民币官

方汇率,到 1990 年 11 月,人民币对美元汇率调整为 1 美元兑 5.22 元人民币,而到了 1993 年年底,人民币对美元汇率调整为 1 美元兑 5.7 元人民币。外汇调剂市场的人民币汇率则下跌更快:1993 年 5 月以前,1 美元兑 8.2 元人民币;1993 年 5 月以后,由于限价的取消,人民币对美元的汇率大幅跌至 1 美元兑 11.20 元人民币。

四、1994—2005 年:社会主义市场经济时期

1993 年 11 月,党的十四届三中全会通过了《中共中央关于建立社会主义市场经济体制若干问题的决定》,明确了经济改革的目标是建立社会主义市场经济体制。根据《决定》的总体要求和安排,明确外汇体制改革的总目标是建立以市场供求为基础有管理的浮动汇率制度,并统一和规范外汇市场,逐步使人民币成为可自由兑换的货币。1994 年 1 月 1 日,人民币官方汇率和外汇调剂汇率并轨,结束了汇率的双轨制时代。自 1994 年起,我国逐步建立了以市场供求为基础的、单一的、有管理的浮动汇率制度。在这一制度下,对经常项目下外汇收入实行强制结汇,建立了全国统一的银行间外汇市场,对人民币汇率日波动幅度设定范围。该时期的汇率制度安排,有助于我国的出口企业保持在国际市场的竞争力,汇率的波动相对较小,有利于降低国内外贸企业的汇率风险外汇避险操作的成本,并有助于国内金融体系的稳定。在汇率并轨后,人民币汇率水平趋于合理,1994 年,人民币对美元的汇率为 1 美元兑 8.62 元人民币,2004 年,人民币对美元的汇率为 1 美元兑 8.28 元人民币。

五、2005 年至今:人民币汇率制度改革深化时期

2000 年后,我国经济开始呈现增长的良好势头,经济实力不断增强。由于我国经济的快速增长以及 2001 年加入世界贸易组织,我国成为"世界工厂",出口高速增长,经常项目下持续顺差,大量外国直接投资流入,使得我国外汇储备迅速增加。与此同时,我国也稳步推进金融

体系改革,以提高我国金融体系的市场化水平。从国际环境看,东南亚各国逐渐走出亚洲金融危机的阴影,经济开始复苏;西方主要发达国家由于信息、网络技术的发展,经济也呈现平稳增长的势头。另一方面,由于西方主要国家经常项目持续、大规模的逆差,使得全球经常项目失衡的状况日趋严重,这也使得人民币升值的国际压力倍增。在这样的国内、国际环境之下,我国于 2005 年 7 月 21 日起开始实行以市场供求为基础的、参考一篮子货币进行调节、有管理的浮动汇率制度。至此,人民币汇率不再盯住单一美元,而是盯住一篮子货币,有利于形成更加富有弹性的人民币汇率机制,更能够反映市场的供求关系的变动。汇改当日,人民币汇率升值,为 1 美元兑 8.11 元人民币,自此,人民币汇率缓慢升值。到 2006 年年底,人民币汇率为 1 美元兑 7.81 元人民币,2008 年 4 月,人民币汇率中间价突破 7.0 大关。到 2010 年上半年,人民币汇率基本维持在 1 美元兑 6.83 元人民币,到了 2011 年 8 月 11 日,人民币汇率中间价突破 6.40,到了 2012 年 2 月 10 日,人民币汇率中间价突破 6.30,到了 2013 年 5 月 8 日,人民币汇率中间价突破 6.20,此后高位运行,2014 年 1 月 2 日,人民币汇率中间价突破 6.10 元,人民币升值的趋势一直持续到 2014 年下半年。

纵观我国外汇管理体制改革和汇率的变动,我们可以看到我国汇率管理体制改革的脉络:在新中国成立之初,采用计划经济体制下统收统支、高度集中的外汇手段;在改革开放之初,逐步转向实行计划与市场调节并存的双轨外汇管理体制;20 世纪 90 年代以后,实行以市场供求为基础的、单一的、有管理的汇率制度;2005 年以后,改革人民币汇率形成机制,从单一盯住美元改为实行以市场供求为基础,参考一篮子货币进行调节、有管理的浮动汇率制度。整个外汇管理体制从高度管理向市场调节逐步转换,以适应我国从计划经济向市场经济的转变。在这个过程中,我国的汇率水平从新中国成立之初被高估,到改革开放初期乃至此后的很长一段时期被低估,到 2005 年以后市场供求因素开始在人民币汇率形成中发挥作用,汇率弹性不断增强。总体而言,伴随着我国外汇管理体制和人民币汇率形成机制改革的逐步深化,人民币汇率水平和人民币汇率的决定越来越市场化。

第二节　中国产业结构的变化

一、改革开放前我国产业结构调整过程

1949 年以前,我国经济是传统的农业经济,全社会的生产方式较为传统,近代工业发展缓慢。1949—1952 年间,我国大力对国民经济进行恢复,经济水平基本恢复到新中国成立之前的最高水平。1953 年,我国开始了大规模的工业化建设,并选择了重工业优先发展的工业化道路。自此,我国逐渐形成了以工业,特别是重工业为主导的产业结构。这一政策导向,有力地促进了我国工业体系的建立,但却牺牲了农业与工业之间、轻工业与重工业之间的协调发展。如图 2-1 所示,这

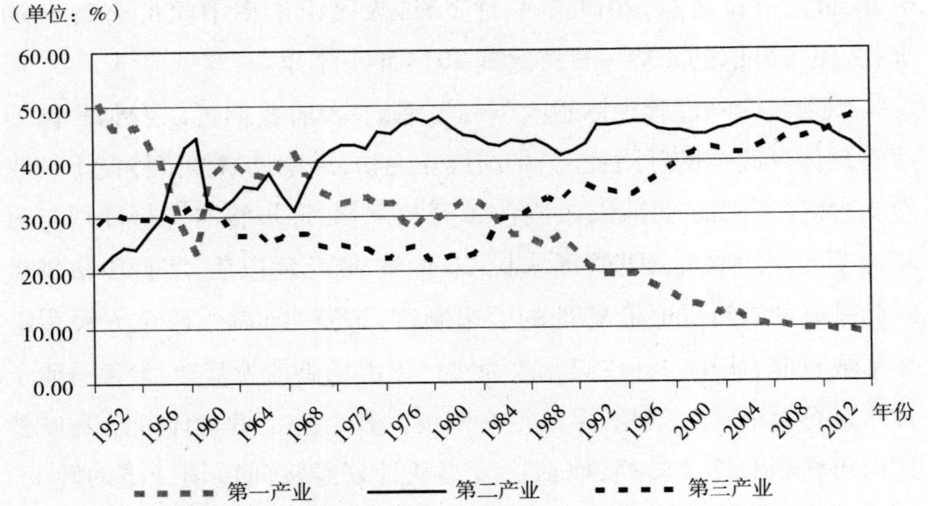

(单位:%)

图 2-1　1952—2012 年中国三次产业构成

数据来源:Wind 数据库。

一时期,我国第二产业占国内生产总值的份额在 1952—1960 年间快速上升,在 1961—1968 年间有所波动,但在 1969 年后呈稳步上升的态势;第三产业占国内生产总值份额基本呈上升趋势;第一产业占国内生产总值的份额在 1952—1961 间迅速下降,随后有所回升,但从 1968 年后一直呈下降趋势。

二、改革开放后我国产业结构调整过程

改革开放后,我国陆续实施了鼓励发展轻工业和限制重工业发展、发展并调整投资结构等一系列产业结构调整政策,力图扭转我国轻、中工业发展比例失调的状况。根据这一时期我国产业结构的变化特点,我国产业结构调整的过程大概又分为以下几个阶段:

第一阶段:1978—1985 年。这一时期主要是第一产业恢复与发展阶段。由于这一时期在农村推行的"包产到户"的改革措施,充分调动了农民的积极性,使得第一产业得到了迅速的恢复,也改变了长时间以来我国三次产业结构失衡的局面。第一产业的恢复与发展一方面有利于资本的积累,为后续的发展奠定了良好的物质基础;另一方面,也释放了大量的劳动力,从而为将来第二产业和第三产业的迅猛发展提供了更加充足的劳动力。

第二阶段:1986—1993 年。这一时期,我国的改革逐渐深入,第一产业的增长速度逐步放缓,但第三产业却异军突起,实现了跨越式的发展。如图 2-1 所示,1985 年,我国第三产业占国内生产总值的比重(29.4%)首次超过了第一产业(27.9%)。1993 年,第一产业占国内生产总值的份额持续下降为 19.3%,而第三产业占国内生产总值的份额上升为 34.5%。

第三阶段:1994—1997 年。在这一阶段,我国第二产业受到积极的财政政策和货币政策的推动,迅速地发展,占国内生产总值的份额不断攀升。如图 2-1 所示,至 1997 年我国第二产业占国内生产总值的份额

已经上升到 47.1%。第二产业的迅猛发展,为我国产出的增长、出口的增长并最终成为"世界工厂"提供了强有力的物质和技术保障,同时也使得我国的产业结构更趋合理。与此同时,第三产业占国内生产总值比重平稳上升,第一产业占国内生产总值的份额持续下降。

第四阶段:1998—2002 年。在这一时期,政府以市场发展和技术提升为导向,积极推动第三产业发展,并取得了显著的成效。伴随着新技术的出现和推广,以及我国在 2001 年年底成功加入世界贸易组织,现代服务业在我国逐步建立并发展起来。如图 2-1 所示,至 2002 年,我国第三产业占国内生产总值份额的 42.2%,与第二产业的 44.5%非常接近。并且,在 2000 年,我国的国内生产总值首次突破 10 万亿元人民币,表明我国的经济总量和规模跃上了一个新台阶。此外,自 1998 年以后,重工业在我国工业总产值中的比重迅速增加。

第五阶段:2002 年至今。在这一时期,我国积极顺应世界经济一体化的形势,积极参与国际分工,深深地融合到全球生产网络中,成为名副其实的"世界工厂",对外贸易总量持续增长,贸易顺差持续增加。另一方面,伴随着我国经济的快速发展,居民收入水平的提高,居民对服务业的需求量增加并且要求更高水平的服务。因此,在这一时期,第三产业/服务业占国内生产总值的份额持续上升。2013 年,我国第三产业/服务业占国内生产总值的份额首次超过第二产业,达到 46.7%,而同期第二产业占国内生产总值的份额为 44%。

总体上来看,我国产业结构与第二次世界大战后西方国家的产业结构演进规律基本一致:第一产业产值比重持续下降,第二和第三产业产值比重持续上升,并且在产业结构演进的过程中第二产业占国内生产总值的比重先上升后下降,呈倒"U"形。从各产业内部结构来看,我国的第一产业占国内生产总值的比重迅速下降,传统农业生产率提升较慢,对我国国民经济的贡献率逐步降低。第二产业中工业部门的产出占国内生产总值的比重稳步上升,另外,由于国家产业政策的引导,第二产业中的资本密集和技术密集型行业有加速发展的势头,而竞争力相对较弱的劳动密集型行业,伴随着我国人口红利的减少,越来越不适应当前的宏观经济环境,有的企业被迫退出相关行业。第三产业在国内生产总值所占的比重总体上呈上升趋势。此外,第三产业对国内生产总值增长的贡献率和拉动也逐步增加。2015 年,第三产业对国内生产总值增长的贡献率和拉动首次超过第二产业,达到 52.9%,而同期第二产业对国内生产总值增长的贡献率和拉动为 42.40%①。但第三产业内部占主导的还是低端消费服务业。一些高端的生产性服务业、知识密集型服务业,如信息服务、金融服务、生产性租赁服务、商务服务、人力资源管理与培训服务、技术管理和咨询服务业等还不够发达。

三、我国产业结构存在的问题

虽然在新中国成立几十年的时间里,我国经济有较快的增长,工业化程度有所提高,产业结构较之前有所优化,但也面临诸多问题。

一是我国的技术创新能力和经济竞争实力还相对较弱。20 世纪 90 年代,由西方发达国家主导的新技术革命以信息技术革命为标志。信息时代的到来,改变了我们传统的生产方式,社会生产由机械化、电气化、自动化向智能化转变,新技术如 3D 打印技术、人工智能等新技术不断出现,以这些新技术为标志的工业革命时代即将来临。而我国的技术创新能力相对较弱,拥有的自有知识产权和核心技术相对较少,因而经济竞争实力相对较弱。

二是结构性过剩问题。结构性过剩是指部分产品的供给超过了市场的需求,产品销路不畅、积压严重,造成生产资源的浪费。造成生产的结构性过剩问题的原因很多,一方面是由于企业对市场的现状和将

---

① 数据来源:Wind 数据库。

来的发展趋势的认识不到位,缺乏前瞻性,盲目投资建设,而相关行业的建设周期较长,当生产线建成并投入使用时,市场条件已经变化,使得企业遭受损失;另一方面,是由于地方政府盲目追求地区的经济增长,政府盲目推动本地区大型投资项目,造成地区产业结构趋同、大规模的重复建设,某些行业,如钢铁、水泥、光伏行业出现结构性过剩问题。

三是产业结构高级化问题。当前我国的产业结构高级化存在诸多的问题。首先,第一产业的发展水平低、规模小、生产方式落后。第一产业中,农业产业化发展水平低,农产品加工业基础差,农业生产依然采用粗放的经营方式,技术水平低。其次,第二产业的技术含量不高。第二产业部门生产的产品中,低技术水平的、劳动密集型的产品居多,而高技术水平的、附加价值较高的产品较少。总体上看,我国多数产品处于国际产业价值链低端,缺乏产品的创新,缺乏自主知识产权和关键技术,一些重要的生产设备如数控机床、电脑芯片等长期依赖进口,这使得我国的经济发展和产业结构升级较易受到西方发达国家的牵制和阻挠。此外,我国第三产业的层次不高,创新力不足。改革开放以来,伴随着我国快速的经济增长,第三产业迎来了快速发展的机遇,第三产业规模迅速扩大,吸收了大量劳动力。但我国第三产业的质量并不高:劳动密集型的服务业占较大比例,生产性服务业、知识密集型服务业等现代服务业相对不发达,服务业的技术创新能力、制度创新能力等都相对落后,不能满足客户的个性化、特色化需求。

第三节　人民币汇率与中国产业结构的调整

在回顾了人民币汇率制度改革和我国产业结构演进历程之后,我们发现了如下一些客观事实:

首先,在很长一段时间内,人民币汇率的决定在很大程度上受到我国的产业政策的影响。1952年年底,我国开始了大规模的工业化建设。为了发展工业,形成以重工业为主导的产业结构,我国必须进口大量的机器、设备。为了满足我国对大量进口资本品的需求,人民币的币值被高估。因此,那一时期的汇率决定是以这一产业政策为导向的。在改革开放以后,我国又逐步确立了以出口为导向并推动经济发展的策略,出口业成为拉动我国经济增长的"三驾马车"之一。在这一时期,为了促进出口行业的发展,人民币汇率被低估。所以,该时期的汇率决定也是以大力发展出口行业这一政策目标为导向的。然而,汇率的高估或者低估都会对本国的经济结构产生一定负面影响。以汇率低估为例,我国长期的人民币币值低估鼓励了出口行业的发展,大量的资源流向出口产品生产部门,加之我国的出口产品以相对低端的劳动密集型产品为主,大量优质资源集中于低端的劳动密集型行业或出口加工行业,使得其他的行业如服务业或技术密集型行业的发展处于相对的资源稀缺状态,抑制了这些行业的发展,并使得我国长期处于产业链条的低端,产品的附加价值少,厂商不掌握核心技术因而议价能力低。总体上来看,人民币汇率的长期低估不利于我国的产业结构调整和升级。

其次,近年来,我国的产业结构转型和升级的动力一方面来自内在的动力,如国内的产业政策、技术进步和生产率的提高;另一方面,可能来自外在的动力,比如人民币汇率的升值,国外消费者需求的升级等。进入20世纪90年代以后,经济全球化日益深化,各国在市场、生产、投资、研发、技术、信息共享等方面开展广泛的合作,生产要素在全球范围内广泛的流动并寻求最优化配置。21世纪初,我国也积极适应经济全球化的新形势,积极参与国际分工,力图通过对国际分工的参与,充分利用国际、国内两个市场、两种资源,增加出口、促进经济发展并推动国内产业结构升级。2005年,我国开始实行以市场供求为基础、参考一篮子货币进行调节、有管理的浮动汇率制度。人民币汇率不再单一盯住美元,形成更有弹性的人民币汇率制度,汇率的决定更多地受到市场供求的影响。自此,人民币汇率的调整遵循"主动性、渐进性、可控性",市场供求关系成为汇率形成的重要依据。这样的汇率制度有利于我国经济的健康发展。在 2005 年汇改之后,人民币开始了渐进升值的过程,整个升值过程一直持续到 2014 年。汇率作为一个重要的价格,其变动可能对资源配置产生影响,因此,人民币汇率的渐进升值,可能对我国产业结构产生深远的影响。由于人民币的升值,使得出口企业的利润空间受到挤压,特别是劳动密集型的出口企业受到的负面冲击较大,可能迫使一部分劳动密集型出口企业停产,生产资源退出这些领域,流向效率更高、有可能带来更大收益的领域和行业,最终实现产业结构的调整和升级。因此,伴随着全球经济一体化,中国越来越多地参与到国际经济交往中,人民币汇率的变动可能会对中国国内的经济结构、产业结构产生深远的影响。

第三章 人民币汇率升值对产业结构及其区域转移效应:存在性检验

在我们深入研究之前,首先要明确什么是产业结构升级? 产业结构升级是如何界定的?

第一个层次的产业结构升级,是指产业之间的数量比例关系的变化。杰瑞费(Gereffi,1999)认为,20 世纪 20 年代左右,西方主要发达国家的产业结构呈现较为迅速的变化趋势,并且在二战之后,随着各国战后的重建,经济迅速的恢复、发展而进一步呈现复杂化的趋势。首先,第一产业占国内生产总值的份额不断下降,第二产业(工业部门)的产出份额呈上升趋势,第三产业(服务部门)的产出份额显著上升。根据库兹涅茨的理论,在工业化时期,产业结构的转换表现为第一产业创造的社会财富和就业机会逐步转移到第二产业和第三产业。在工业化的前期,第二产业产出所占国内生产总值的份额逐渐增加,在工业化的后期,第二产业产出所占国内生产总值的份额逐步减少,第三产业创造的社会财富和就业机会逐步增加。行业内部结构看,西方发达国家制造业内部资本密集、技术密集的产出占国内生产总值的份额快速上升,服务业内部的知识密集型行业、生产性服务业的产出占国内生产总值的份额也快速增长。这也成为本书界定产业结构升级的第一个层次,也即:产业结构升级是指在经济增长过程中,各个产业部门所表现出的相类似的变动趋势,即第一产业(农业部门)的产出份额显著下降,第二产业(工业部门)和第三产业(服务部门)的产出占国内生产总值的份额的显著上升。

产业结构升级的第二个层次,是指产业的要素和资源配置状况。杰瑞费(Gereffi,1999)认为产业升级是一个企业提高更具盈利能力的资本和技术密集型经济领域的能力的过程,这一过程是在价值链内部从低到高的增加值活动转变。布恩(Poon,2004)认为产业升级就是制造商成功从生产劳动密集型低价值产品向生产高价值的资本或技术密集型产品转换的过程。第二次世界大战后,许多发展中国家都经历了从劳动密集型行业到资本密集型行业,再到技术密集型行业的产业结构升级路径。从宏观层面来看,这一路径就是一个国家或地区在劳动、资本、技术密集行业的相对比较优势的变化;从微观层面来看,是企业生产的产品从劳动密集向资本密集和技术密集产品的升级。

本书的研究主要从上述产业结构的两个层面展开:一个是三次产业之间的数量比例关系,另一个是产业的要素和资源配置状况。

本章分析的汇率变动对产业结构的影响,也从这两个角度展开。我们首先分析汇率升值对第二和第三产业之间相对结构的变动,然后分别深入第二、三产业内部,探讨汇率升值是否对第二、三产业内部不同要素禀赋的行业的相对结构变化产生了影响以及产生了怎样的影响。

第一节　人民币汇率升值对第二、三产业之间结构变动的效应

本节中,我们主要通过格兰杰因果检验、VAR模型等方法来研究汇率升值对我国总体的产业结构的影响,以及对我国东、中、西部几个地区的影响效应的差异。

一、人民币汇率升值对第二、三产业之间结构变动的效应：全国层面

我们分别选取 2007 年第四季度—2013 年第三季度的季度数据，用第二、三产业国内生产总值占所有产业国内生产总值的比重（W2、W3）、人民币实际有效汇率指数（lnreer）作为 VAR 模型的核心变量。此外，我们选取国内生产总值（GDP）作为控制变量，因为伴随着产出的增加，产业结构发生了变化。我们用上述三个变量的季度数据建立两个 VAR 模型：

对于第二产业 VAR1＝（W2, lnreer, GDP）

对于第三产业 VAR2＝（W3, lnreer, GDP）

对第二、三产业国内生产总值占所有产业国内生产总值的比重、国内生产总值，X11 方法对序列进行季节调整以剔除原序列中的季节因素；对人民币实际有效汇率取自然对数。第二、三产业国内生产总值和所有产业国内生产总值数据来自司尔亚司数据有限公司（CEIC），实际有效汇率指数数据来自国际货币基金组织（IMF）。

（一）平稳性检验

宏观经济变量大多数都是非平稳的，必须对相关变量的时间序列进行 ADF 平稳性检验。表 3-1 列出了各变量的时间序列的 ADF 检验结果，表中符号 Δ 代表一阶差分。

表中 ADF 检验结果表明：所有变量的水平值都是不平稳的，但它们的一阶差分都平稳。

表 3-1   各变量的时间序列 ADF 检验结果

变量	ADF 统计量	检验形式 (c,t,k)	10%临界值	5%临界值	1%临界值	检验结论
lnreer	1.514035	(c,0,4)	−2.655194	−3.029970	−3.821511	不平稳
Δlnreer	−3.080546	(c,0,0)	−3.769597	−3.004861	−2.642242	平稳

变量	ADF 统计量	检验形式 (c,t,k)	10%临界值	5%临界值	1%临界值	检验结论
W2	-0.128063	(c,0,0)	-2.638752	-2.998064	-3.752946	不平稳
ΔW2	-3.792849	(c,0,0)	-2.642242	-3.004861	-3.769597	平稳
W3	-0.048546	(c,0,0)	-2.638752	-2.998064	-3.752946	不平稳
ΔW3	-3.679567	(c,0,0)	-2.642242	-3.004861	-3.769597	平稳
GDP	-808686	(c,0,0)	-2.638752	-2.998064	-3.752946	不平稳
ΔGDP	-4.838225	(c,0,2)	-2.642242	-3.004861	-3.769597	平稳

注:检验形式中,c 代表有常数项,t 代表有时间趋势项,k 代表滞后阶数,由 EVIEWS 软件自动根据 AIC 准则确定。

(二)协整检验

由于只有当模型中变量之间存在协整关系时,时间序列的回归才是有效的。因此,我们首先要检验变量之间是否存在协整关系。

本书采用 Johansen 极大似然估计法,分别对(W2,lnreer,GDP)和(W3,lnreer,GDP)两个模型进行检验,检验滞后期的选择全部根据 AIC 准则确定。协整检验的结果表明,两组变量都在 5%的显著性水平上拒绝了不存在协整关系的原假设(见表 3-2、表 3-3)。因此,通过协整检验可以判断,这两组变量之间存在着长期稳定关系。

表 3-2　W2、lnreer 和 GDP 的 Johansen 协整关系检验

假定的协整关系个数	特征值	迹统计量	5%临界值	P 值
None*	0.835681	44.46449	29.79707	0.0005
Atmost1	0.267436	6.539679	15.49471	0.6317
Atmost2	0.000209	0.004393	3.841466	0.9463

表 3-3　W3、lnreer 和 GDP 的 Johansen 协整关系检验

假定的协整关系个数	特征值	迹统计量	5%临界值	P 值
None[*]	0.703630	44.37604	42.91525	0.0354
Atmost1	0.527077	18.83694	25.87211	0.2905
Atmost2	0.137720	3.111685	12.51798	0.8630

（三）脉冲响应分析与预测方差分解

协整检验只能帮助我们提供变量之间是否存在稳定关系的信息,但本书更关心的是人民币汇率升值对我国的第二、三产业的产出份额会造成怎样的冲击。因此,可以采用建立在 VAR 模型基础之上的脉冲响应函数分析与预测方差分解技术解决这一问题。我们根据 AIC 准则,模型设为 VAR(2)。

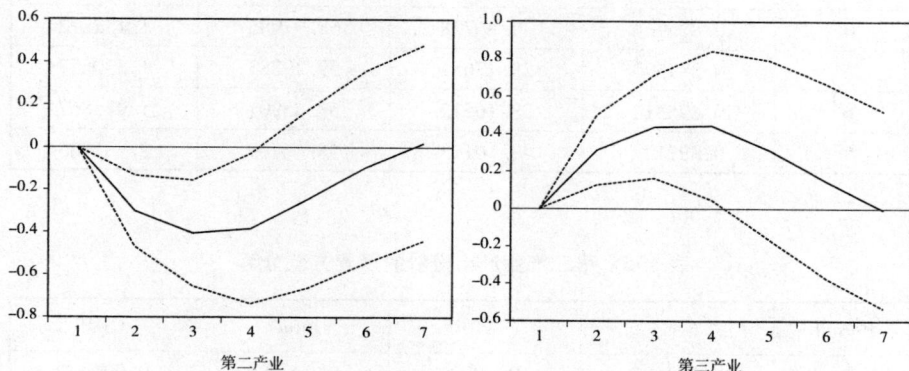

第二产业　　　　　　　　第三产业

图 3-1　第二产业和第三产业产出份额对人民币汇率升值的脉冲响应

由图 3-1 中左图我们可以看到:在当期给人民币汇率一个标准差的正的冲击(也即人民币升值)后,第二产业产出份额从第 2 期开始产生负向响应。在第 2 期,第二产业产出份额减少 0.30%,此后,第二产业的产出份额持续下降,在第 3 期达到最大负响应点后冲击逐渐减弱。类似的,从图 3-1 中右图我们看到:在当期给汇率一个标准差的正的冲击(也即人民币升值)后,第三产业产出份额从第二期开始产生正向

响应。在第 2 期,第三产业产出份额增加 0.31%,此后,第三产业的产出份额持续上升,在第 4 期达到最大正响应点后冲击逐渐减弱。也就是说,人民币汇率升值对我国的第二产业产出份额有负面影响,对第三产业产出份额有正面影响,人民币汇率升值从总体上有利于我国的产业结构调整和升级。

我们再对第二产业的产出份额和第三产业的产出份额进行预测方差分解,结果见表 3-4、表 3-5:

表 3-4   第二产业产出份额的预测方差分解

Period	S.E.	CHINA2SA	lnreer	GDPSA
1	0.296874	100.0000	0.000000	0.000000
2	0.474450	58.78680	40.36666	0.846535
3	0.690251	45.69702	53.66493	0.638056
4	0.826964	39.86728	58.97985	1.152872
5	0.883590	39.17651	59.29283	1.530657
6	0.895312	39.16512	58.85901	1.975867
7	0.897127	39.10113	58.66709	2.231785

表 3-5   第三产业产出份额的预测方差分解

Period	S.E.	W3	lnreer	GDP
1	0.313697	100.0000	0.000000	0.000000
2	0.492224	59.15106	40.75689	0.092050
3	0.705184	41.38288	58.49642	0.120703
4	0.849169	32.06255	67.85419	0.083256
5	0.910262	28.92366	71.00358	0.072760
6	0.922176	28.18543	71.71214	0.102431
7	0.923364	28.30304	71.53405	0.162912

从表 3-4、表 3-5 中我们看到:人民币汇率升值对第二产业的结构

变动有较大的贡献。从第二期起,人民币汇率升值对第二产业产出份额减少的贡献度就达到40%,对第三产业的产出份额增加的贡献度也达到40%,并有逐渐加强的趋势。

二、人民币汇率升值对地区间产业结构调整和产业转移的效应

我国地域辽阔,各地区经济发展水平差异很大,地区经济发展不平衡。此外,我国各地区的经济开放程度也不同,对进出口和外资的依赖程度也不同。因此,人民币汇率升值的冲击可能对不同地区的产业结构产生差异性效应。为了考察可能存在的汇率升值对我国不同地区的差异性效应,我们根据1986年全国人大六届四次会议通过的"七五"计划正式公布的东、中、西部的划分标准,将我国30个省份进行如下划分:东部地区包括北京、天津、河北、辽宁、上海、江苏、浙江、福建、山东、广东和海南11个省(直辖市);中部地区包括山西、内蒙古、吉林、黑龙江、安徽、江西、河南、湖北、湖南、广西10个省(自治区);西部地区包括四川、贵州、云南、西藏、陕西、甘肃、青海、宁夏、新疆9个省(自治区)。

我们分别选用我国东、中、西部第二、三产业国内生产总值占所有产业国内生产总值的比重以及人民币实际有效汇率指数(lnreer)作为VAR模型的核心变量。此外,我们选取东、中、西部的国内生产总值作为控制变量,因为伴随着产出的增加,产业结构发生了变化。我们研究的时间段为2007年第四季度—2013年第三季度。我们用上述三个变量的季度数据建立如下VAR模型:

对于东部地区第二产业:VAR1 = (EASTW2,lnreer,EASTGDP)

对于东部地区第三产业:VAR2 = (EASTW2,lnreer,EASTGDP)

对于中部地区第二产业:VAR3 = (MIDDLEW2, lnreer, MIDDLEGDP)

对于中部地区第三产业：VAR4 =（MIDDLEW2，lnreer，MIDDLEGDP）

对于西部地区第二产业：VAR5 =（WESTW2，lnreer，WESTGDP）

对于西部地区第三产业：VAR6 =（WESTW2，lnreer，WESTGDP）

对各地区第二、三产业国内生产总值占所有产业国内生产总值的份额、各地区的国内生产总值，我们用 X11 季节调整方法对序列进行季节调整；对人民币实际有效汇率指数取自然对数。第二、三产业国内生产总值和所有产业国内生产总值数据来自司尔亚司数据有限公司（CEIC）数据库，人民币实际有效汇率指数数据来自国际货币基金组织（IMF）。

（一）平稳性检验

鉴于大多数宏观经济变量的非平稳性，我们首先要对相关变量的时间序列进行 ADF 平稳性检验。若通过该检验，则认为相关变量的时间序列是平稳的，否则，要对相关序列的一阶差分进行 ADF 检验，以确定其平稳性。表 3-6 列出各变量及其一阶差分的时间序列的 ADF 检验结果，表中符号 Δ 代表一阶差分。

表中 ADF 检验结果表明：所有变量的水平值都是不平稳的，但它们的一阶差分都平稳。

表 3-6 各变量的时间序列 ADF 检验结果

变量	ADF 统计量	检验形式 (c,t,k)	10%临界值	5%临界值	1%临界值	检验结论
lnreer	1. 514035	(c,0,4)	-2. 655194	-3. 029970	-3. 831511	不平稳
Δlnreer	-3. 080546	(c,0,0)	-3. 769597	-3. 004861	-2. 642242	平稳
EASTW2	-1. 036811	(C,0,3)	-2. 650413	-3. 020686	-3. 88546	不平稳
ΔEASTW2	-6. 284219	(c,0,0)	-2. 642242	-3. 004861	-3. 769597	平稳
EASTW3	-1. 047860	(C,0,3)	-2. 650413	-3. 020686	-3. 808546	不平稳

续表

变量	ADF统计量	检验形式(c,t,k)	10%临界值	5%临界值	1%临界值	检验结论
ΔEASTW3	-6.043003	(c,0,0)	-2.642242	-3.004861	-3.769597	平稳
EASTGDP	-0.808686	(C,0,0)	-2.638752	-2.998064	-3.752946	不平稳
ΔEASTGDP	-4.838225	(c,0,0)	-2.642242	-3.004861	-3.769597	平稳
MIDDLEW2	-1.575872	(c,0,0)	-2.638752	-2.998064	-3.752946	不平稳
ΔMIDDLEW2	-4.782285	(c,0,0)	-2.642242	-3.004861	-3.769597	平稳
MIDDLEW3	-1.936806	(c,0,0)	-2.638752	-2.998064	-3.752946	不平稳
ΔMIDDLEW3	-5.371403	(c,0,0)	-2.642242	-3.004861	-3.769597	平稳
MIDDLEGDP	-0.832446	(c,0,0)	-2.638752	-2.998064	-3.752946	不平稳
ΔMIDDLEGDP	-4.372657	(c,0,0)	-2.642242	-3.004861	-3.769597	平稳
WESTW2	-1.584912	(c,0,0)	-2.638752	-2.998064	-3.752946	不平稳
ΔWESTW2	-4.634326	(c,0,0)	-2.642242	-3.004861	-3.769597	平稳
WESTW3	-1.886723	(c,0,0)	-2.638752	-2.998064	-3.752946	不平稳
ΔWESTW3	-4.706679	(c,0,0)	-2.642242	-3.004861	-3.769597	平稳
WESTGDP	-0.652119	(c,0,0)	-2.638752	-2.998064	-3.752946	不平稳
ΔWESTGDP	-5.720505	(c,0,0)	-2.642242	-3.004861	-3.769597	平稳

注:检验形式中,c 代表有常数项,t 代表有时间趋势项,k 代表滞后阶数,由 EVIEWS 软件自动根据 AIC 准则确定。

(二)协整检验

为了确保时间序列的回归有效性,我们要首先检验模型中变量之间协整关系是否存在。

本书采用 Johansen 极大似然估计法,分别对上述六个模型进行检验,检验时滞后期的选择全部根据 AIC 准则确定。协整检验的结果表明,六组变量都在5%或10%的显著性水平上拒绝了不存在协整关系的原假设(见表3-7至表3-12)。因此,通过协整检验可以判断,这六组变量之间存在着长期稳定关系。

表 3-7　EASTW2、lnreer、EASTGDP 协整关系检验

假定的协整关系个数	特征值	迹统计量	5%临界值	P 值
None*	0.645055	30.54850	29.79707	0.0409
Atmost1	0.274632	8.796866	15.49471	0.3845
Atmost2	0.093190	2.054270	3.841466	0.1518

表 3-8　EASTW3、lnreer、EASTGDP 协整关系检验

假定的协整关系个数	特征值	迹统计量	5%临界值	P 值
None*	0.657882	33.60347	29.79707	0.0174
Atmost1	0.340950	11.07888	15.49471	0.2067
Atmost2	0.104712	2.322799	3.841466	0.1275

表 3-9　MIDDLEW2、lnreer、MIDDLEGDP 协整关系检验

假定的协整关系个数	特征值	迹统计量	5%临界值	P 值
None*	0.742334	37.19895	29.79707	0.0058
Atmost1	0.242827	8.721052	15.49471	0.3918
Atmost2	0.128139	2.879627	3.841466	0.0897

表 3-10　MIDDLEW3、lnreer、MIDDLEGDP 协整检验

假定的协整关系个数	特征值	迹统计量	10%临界值	P 值
None*	0.675558	28.88906	27.06695	0.0633
Atmost1	0.147910	5.250450	13.42878	0.7817
Atmost2	0.086031	1.889120	2.705545	0.1693

表 3-11　WESTW2、lnreer、WESTGDP 协整关系检验

假定的协整关系个数	特征值	迹统计量	5%临界值	P 值
None*	0.778888	34.99374	29.79707	0.0115
Atmost1	0.092479	3.302904	15.49471	0.9515
Atmost2	0.058464	1.265101	3.841466	0.2607

表 3-12　WESTW3、lnreer、WESTGDP 协整关系检验

假定的协整关系个数	特征值	迹统计量	10%临界值	P 值
None*	0.808363	40.67765	27.06695	0.0019
Atmost1	0.174820	5.982456	13.42878	0.6976
Atmost2	0.088556	1.947223	2.705545	0.1629

（三）脉冲响应分析

　　类似地，我们对各模型进行脉冲响应分析，以考察汇率升值对我国东、中、西部的第二、三产业的产出份额会造成怎样的冲击。因此，我们采用建立在 VAR 模型基础之上的脉冲响应函数分析与预测方差分解技术解决这一问题。我们根据 AIC 准则，模型设为 VAR(2)。各 VAR 模型对应的脉冲响应图如下：

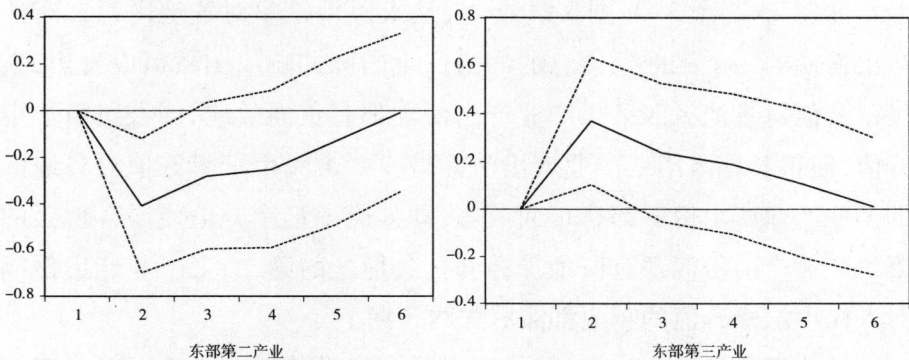

东部第二产业　　　　　　　东部第三产业

图 3-2　东部第二产业和第三产业份额对人民币汇率升值的脉冲响应

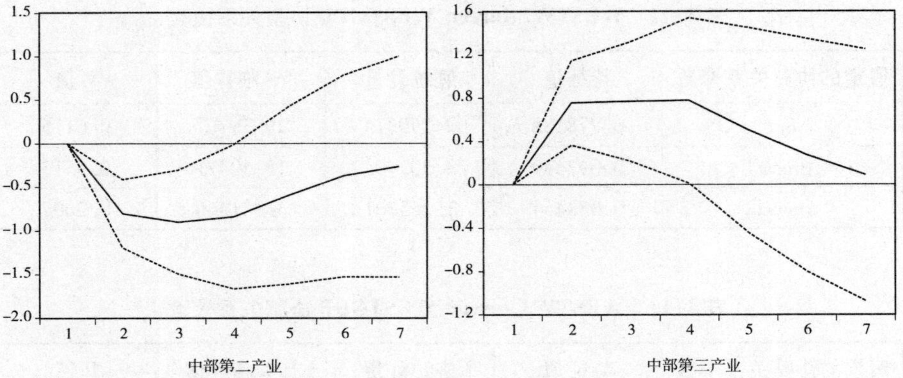

中部第二产业   中部第三产业

图 3-3   中部第二产业和第三产业产出份额对人民币汇率升值的脉冲响应

西部第二产业   西部第三产业

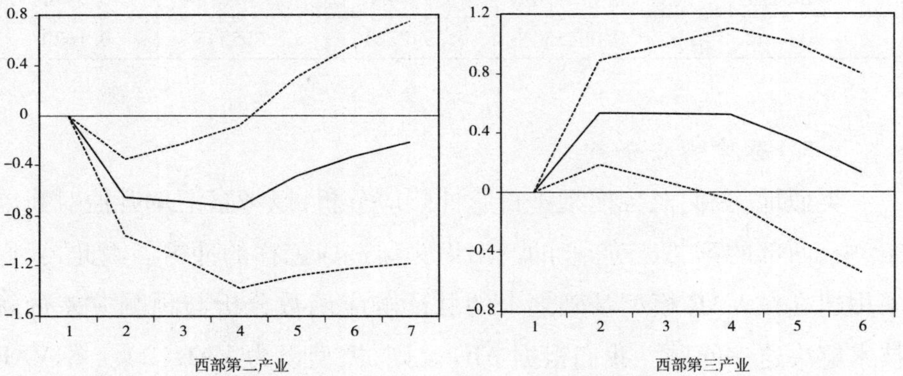

图 3-4   西部第二产业和第三产业产出份额对人民币汇率升值的脉冲响应

如图 3-2、图 3-3、图 3-4 所示,从人民币汇率对各地区第二产业产出份额的一个标准差信息的冲击产生的脉冲响应函数可以看出,人民币升值对各地区的第二产业产出份额都有负面效应,即人民币汇率升值,使得各地区第二产业产出份额减少。人民币汇率升值对各地区的第三产业产出份额都有正面效应,即人民币汇率升值使得各地区的第三产业产出份额都有所增加;同时,各地区的第二、三产业产出份额对人民币汇率升值的响应都滞后大约一期。

具体来看,如表 3-13 所示,人民币汇率升值对东部地区第二产业产出份额的影响相对较小。在当期给人民币汇率一个标准差的正的冲击(也即人民币升值)后,从第二期起东部地区的第二产业的产出份额开始产生负向响应。在第二期,东部地区第二产业的产出份额仅减少0.4%,而同一时期,给人民币汇率一个标准差的正的冲击(也即人民币升值)后,中部地区的第二产业产出份额减少0.8%,西部地区的第二产业产出份额减少0.65%;其余各期的各地区第二产业产出份额对汇率的脉冲响应数据都显示,人民币汇率升值对东部地区的第二产业的负面效应最小,对西部地区的第二产业产出份额的负面效应次之,对中部地区的第二产业产出份额的负面效应最大。

表3-13　东、中、西部地区第二产业产出份额对人民币汇率升值的脉冲响应值

时期	东部	中部	西部
1	0.000000 (0.00000)	0.000000 (0.00000)	0.000000 (0.00000)
2	-0.408438 (0.14457)	-0.804110 (0.19490)	-0.655386 (0.15086)
3	-0.280610 (0.15729)	-0.900619 (0.9686)	-0.688716 (.22875)
4	-0.251006 (0.16881)	-0.840044 (0.41302)	-0.730483 (0.32532)
5	-0.130127 (0.17980)	-0.597292 (0.50729)	-0.489483 (0.39637)
6	-0.008348 (0.16963)	-0.372176 (0.57711)	-0.330404 (0.44588)

　　类似地,如表3-14所示,人民币汇率升值对东部地区第三产业产出份额的影响相对较小。在当期给人民币汇率一个标准差的正的冲击(也即人民币升值)后,从第二期起东部地区的第三产业的产出份额开始产生正向响应。在第二期,东部地区第三产业的产出份额增加0.37%,而同一时期,给人民币汇率一个标准差的正的冲击(也即人民币升值)后,中部地区的第三产业产出份额增加0.75%,西部地区的第三产业产出份额增加0.66%。其余各期的各地区第二产业产出份额

对汇率的脉冲响应数据都显示,人民币汇率升值对东部地区的第三产业的正面效应最小,对西部地区的第三产业产出份额的正面效应次之,对中部地区的第三产业产出份额的正面效应最大。

表3-14 东、中、西部地区第三产业产出份额对汇率升值的脉冲响应值

时期	东部	中部	西部
1	0.000000 (0.00000)	0.000000 (0.00000)	0.000000 (0.00000)
2	0.370207 (0.13319)	0.756787 (0.19531)	0.538001 (0.17679)
3	0.236695 (0.14483)	0.769324 (0.27613)	0.533223 (0.23151)
4	0.18821 (0.14721)	0.777687 (0.38316)	0.527673 (0.28906)
5	0.106051 (0.15559)	0.506540 (0.47269)	0.346606 (0.33000)
6	0.010673 (0.14394)	0.274941 (0.53743)	0.129490 (0.33465)

我们的研究结果显示:人民币汇率升值,对东部地区第二产业的负面影响最小,对中、西部的影响相对较大;对东部地区的第三产业的正面效应最小,对中、西部的效应相对较大。这恰恰反映了我国地区之间的产业转移和梯级的产业结构格局正在形成。在我国改革开放的初期,东部沿海是最先开放的地区,政府也辅以各项配套政策,积极鼓励我国沿海地区发展外向型经济,加之,东部地区的经济基础较我国的中、西部地区更发达,基础设施条件也好,各种层次的人力资源丰富,在这样的天时、地利、人和的条件之下,东部地区的经济迅速发展,经济的外向程度也迅速提高,这加剧了我国地区之间的经济发展不平衡。但近年来,我国为了缩小地区之间经济发展的差距,也开始采取一系列措施,如西部大开发计划等,以推动我国中、西部地区经济的发展,缩小同东部的差距。在这样的背景之下,我国的中西部地区近年来经济发展

较快。同时,东部地区由于经济的发展,劳动力成本、土地成本上升,迫使一部分企业转移到中、西部地区,以降低生产成本。这类企业多是劳动密集型企业,由于劳动密集型产品的市场竞争激烈,利润空间较小,因而企业对生产成本更为敏感。而我国中、西部地区劳动力成本相对较低,因而部分劳动密集型企业从东部转移到中、西部。从中部和西部地区来看,中部地区交通等基础设施条件好于西部,工业制造业有的基础也好于西部,因而中部地区比西部地区有更大的优势来承接从东部地区转移出来的产业。而一旦汇率升值,第二产业中的劳动密集型行业受到的冲击更大,因而中部地区的第二产业产出份额下降最大,西部第二产业产出份额下降程度次之,东部地区第二产业受到的冲击较小。这也反映了东部地区第二产业内部的劳动密集型行业可能相对较少,而更高端的技术和资本密集型行业相对较多。我国地区之间梯级的产业结构形态正在形成。

从第三产业来说,当贸易、出口部门快速发展,更多的资源流入这类行业,会抑制第三产业的发展;反之,当汇率升值,出口部门受到抑制,第三产业能迅速发展。因此当人民币汇率升值时,中部地区的第二产业受到最大冲击,部分生产要素流出第二产业中的一些部门,流向其他生产部门,使得该地区的第三产业部门的增长幅度是最大的。类似地,西部地区的第三产业增长幅度也较大。东部地区的第三产业增长幅度最小。这也跟各地的经济发展水平和第三产业的发展水平有关。我国东部地区,经济较发达,第三产业服务业也相对发达,所以增长空间较小;而中、西部地区经济发展水平和第三产业发展水平都相对落后,使得第三产业的发展空间更大。

本节中,我们用 2007 年第四季度—2013 年第三季度的季度数据,对人民币汇率升值对我国的第二产业产出份额、第三产业产出份额以及我国东、中、西部地区的第二产业产出份额、第三产业产出份额的效应做了研究。我们的研究结果显示:从全国层面看,人民币汇率升值对我国第二产业产出份额产生负面影响,对第三产业产出份额产生正面效应,并且这种影响的产生有一定的时期滞后。总体来说,人民币升值有利于我国产业结构的调整和升级。从地区层面来看,人民币升值对东部地区第二产业的负面影响最小,对中、西部的影响相对较大;对东部地区的第三产业的正面效应最小,对中、西部的效应相对较大。这反映了我国地区之间梯级的产业结构形态正在形成。

第二节　人民币汇率升值对第二产业内部结构变动的效应

上文中,我们研究了人民币汇率升值对我国第二、三产业之间结构变动的效应。然而,产业结构变动的另一层含义是指各产业内部结构的变动,比如工业部门内部的产业由低级向高级、由劳动密集型向资本和技术密集型、由产业链低端的装配加工向产业链高端的设计、营销等转变、发展、变化的过程。

本节中,我们将研究人民币汇率升值对第二产业内部生产要素密集度不同的行业的影响。

一、方法和数据

我们首先根据资源密集度将第二产业内部 34 个行业划分为劳动密集型、资本密集型和技术密集型行业。划分的标准参照李利(2012)和王岳平(2004)的方法。其中,劳动密集型行业包括:煤炭开采和洗选业,黑色金属矿采选业,有色金属矿采选业,非金属矿采选业,农副食品加工业,食品制造业,纺织业,纺织服装、鞋、帽制造业,皮革、毛皮、羽毛(绒)及其制品业,木材加工及木、竹、藤、棕、草制品业,家具制造业,文教体育用品制造业,橡胶制品业,非金属矿物制品业,金属制品业,工艺品及其他制造业。资本密集型行业包括:石油和天然气开采业、饮料制造业、烟草制品业、造纸及纸制品业、石油加工、炼焦及核燃料加工业、化学原料及化学制品制造业、化学纤维制造业、黑色金属冶炼及压延加工业、有色金属冶炼及压延加工业。技术密集型行业包括:印刷业和记录媒介的复制,医药制造业,塑料制品业,通用设备制造业,专用设备制造业,交通运输设备制造业,电气机械及器材制造业,通信设备、计算机及其他电子设备制造业,仪器仪表及文化、办公用机械制造业。

本书利用以下模型估计人民币升值对第二产业内部结构变动的影响:

$$\ln Y_{i,t} = \alpha_1 + \alpha_2 \ln reer_t + \alpha_3 \ln invest_{i,t} + \alpha_4 \ln rd_{i,t} + \alpha_5 \ln labor_{i,t} + \alpha_6 \ln con_{i,t} + \alpha_7 mc_{i,t} \tag{3-1}$$

其中, $Y_{i,t}$ 为行业 i 在第 t 年的工业总产值。$reer_t$ 为 t 年度人民币实际有效汇率指数,以 2005 年为基期。当该指数上升时,人民币升值;反之,当 reer 指数下降时,人民币贬值。我们对其取对数,作为模型的关键解释变量。$\mu_{i,t}$ 为残差项。其余变量为行业 i 在时间 t 的相关控制变量,具体内容如下:

(一)资本要素投入($\ln invest_{i,t}$)

从宏观层面来看,我国的产业升级思路是要从以劳动密集型产业结构向资本密集型和技术密集型的产业结构转变。要实现这一目标,必须加大资本投入的力度。从微观企业层面来说,企业要改变盈利模式,要提高生产效率,提高单位劳动的产出,都依赖于更现代化的生产方式,因而需要加大资本投入的力度。在这里,我们选取各行业固定资产投资作为行业资本投入的代理变量,并对其取对数。

(二)研发活动投入($\ln rd_{i,t}$)

影响产业结构升级的另一个重要因素是技术创新。技术创新能提高传统行业的劳动生产率,也能够使新兴产业的效率得到大幅提升,因而要吸引更多资源流入这些行业,进一步推动新兴行业的快速发展。我们选取各行业工业企业开发新产品投入的经费作为行业研发活动投入的代理变量,并对其取对数。

(三)劳动力要素投入($\ln labor_{i,t}$)

根据生产函数 $Y = F(K, AL)$,劳动力要素的投入也能促进产出的增加。我们选取各行业的从业人员年平均数作为劳动力要素投入的代理变量,并对其取对数。

(四)需求($\ln con_{i,t}$)

消费者的消费需求是多样并持续变化的,并与一定的收入水平相适应。自改革开放以来,我国人民的生活水平有了很大提高,收入也快速提升。城镇居民的家庭人均可支配收入从 1978 年的 348.4 元提升到 2011 年的 21809.8 元。[①] 收入的快速提升,使得居民的消费需求总量和结构都发生了变化,这也推动了生产结构发生相应变化,进而引起相关产业在国民经济总量中所占的比重发生相应的变化,带动了产业结构的调整和升级。我们选取国家统计局公布的居民消费水平作为需求的代理变量,并对其取对数。

(五)市场竞争状况($mc_{i,t}$)

各行业不同的市场竞争状况对行业的产出也有影响。相对市场程度高,竞争激烈的行业,如纺织业,企业会力图规模化生产,降低成本,以适应市场激烈的竞争形势。而有的行业,比如烟草行业,市场准入门槛较高,少数厂商垄断市场,这时厂商有一定的市场定价权,因而厂商可以通过减少产量、制定高价来实现利润最大化。我们以行业中企业数量的倒数衡量市场竞争程度。行业中企业数量越大,该倒数值越小,表示行业的市场竞争程度越大;反之,该数值越小,反映行业的市场竞争程度越小。

本书利用面板数据模型分析第二产业内部结构变化。书中实证分析中选用 1999—2011 年中国 34 个制造业行业的工业生产总值、实际

---

① 国家统计局网站。

有效汇率指数、固定资产投资、新产品开发经费、居民消费水平、各行业从业人员年平均数等年度数据。其中实际有效汇率指数来自国际货币基金组织的国际金融统计数据库,其余数据来自《中国统计年鉴》《中国科技统计年鉴》1999—2012年各期。固定资产投资、研发活动投入经费、居民消费水平数据均以2005年为基期进行价格调整。

二、实证结果分析

本书采用截面—时间固定效应OLS方法,利用STATA软件拟合(3-1)式,回归结果如下:

表3-15　全样本数据估计结果

	劳动密集	资本密集	技术密集
	lnoutput	lnoutput	lnoutput
lnreer	0.122 (0.36)	-1.786*** (-4.10)	-0.303 (-1.04)
lninvest	0.299*** (5.04)	0.350*** (4.47)	0.256*** (5.27)
lnrd	0.0368* (1.91)	-0.0122 (-0.65)	0.0431** (2.63)
lnlabor	0.383*** (5.01)	0.668*** (4.58)	0.336*** (4.04)
lncon	0.798*** (3.59)	1.167*** (6.14)	0.830*** (4.87)
mc	-467.8*** (-3.32)	36.66** (2.08)	-403.8 (-1.40)
_cons	9.197*** (10.78)	13.81*** (8.49)	12.45*** (16.91)
N	142	81	81

注:t statistics in parentheses $^{*}p<0.10$, $^{**}p<0.05$, $^{***}p<0.01$。

从表3-15我们看到,模型的拟合结果并不好。在控制了相关控制变量以后,三个要素密集度行业的关键解释变量lnreer的拟合系数中，仅有资本密集型行业的系数是显著为负的，说明实际有效汇率升值仅对资本密集型行业的产出有显著的负向冲击作用，而对劳动密集型和技术密集型行业的影响在统计上是可以被忽略的。控制变量中，固定资产投资、劳动力的投入和居民消费水平的提高都对各种要素密集行业有显著的正向影响。关键解释变量显著性不好，可能是由于1999—2011年期间，汇率变动在不同的时间段呈不同的趋势。在1999—2005年间，除了个别年份（2001年），人民币实际有效汇率基本呈贬值趋势。2005年7月，我国进行了汇率改革，完善了人民币汇率形成机制，开始实行以市场供求为基础、参考一篮子货币进行调节、有管理的浮动汇率制度。自此，人民币实际有效汇率持续上升。我们以2005年为重要时间节点，将考察的时期分为1999—2005年和2006—2011年两段，进一步考察2005年人民币升值前后不同要素密集度的行业对汇率变动的不同反应。我们采用截面—时间固定效应OLS方法，利用STATA软件拟合（3-1）式，回归结果如下：

表3-16　1999—2005年及2006—2011年分时间段估计结果

	1999—2005 年			2006—2011 年		
	劳动密集	资本密集	技术密集	劳动密集	资本密集	技术密集
	lnoutput	lnoutput	lnoutput	lnoutput	lnoutput	lnoutput
lnreer	0.559 (0.11)	0.248 (0.04)	5.938 (1.27)	-1.028** (-2.33)	-0.910** (-2.47)	-0.286 (-0.60)
lninvest	0.264*** (3.21)	0.162 (0.81)	0.133 (1.44)	0.0573 (0.60)	0.144* (1.81)	0.201** (2.18)
lnrd	0.0821** (2.15)	0.0648 (0.80)	-0.0305 (-0.20)	0.0319* (1.95)	-0.00208 (-0.17)	0.0338** (2.07)
lnlabor	0.476*** (4.95)	0.508* (2.17)	0.618*** (6.94)	0.856*** (5.81)	1.171*** (6.21)	0.375* (1.82)
lncon	0.787 (0.67)	1.877 (1.39)	2.548* (1.96)	1.607*** (5.29)	0.986*** (5.57)	0.862*** (2.96)

续表

	1999—2005 年			2006—2011 年		
	劳动密集	资本密集	技术密集	劳动密集	资本密集	技术密集
	lnoutput	lnoutput	lnoutput	lnoutput	lnoutput	lnoutput
Mc	−142.8 (−1.09)	0.160 (0.01)	63.98 (0.25)	−829.8** (−2.09)	115.2*** (4.50)	−818.1 (−1.10)
_cons	6.664 (0.21)	2.099 (0.05)	−28.01 (−0.94)	11.19*** (10.32)	13.90*** (13.49)	13.52*** (13.68)
N	48	27	27	94	54	54

注:t statistics in parentheses *p<0.10, **p<0.05, ***p<0.01。

　　从表 3-16 我们看到,在 2005 年人民币升值以前,无论是劳动密集型还是资本、技术密集型行业的产出对实际有效汇率的变动都是不敏感的,三种不同要素密集度行业的实际有效汇率指数都没有通过显著性检验。但在 2005 年以后,对于劳动密集型行业,人民币实际有效汇率的回归参数小于 0,并在 5% 的水平上通过显著性检验,表明人民币实际有效汇率升值会使劳动密集型行业的产出下降。人民币实际有效汇率每升值 1%,劳动密集型行业的产出下降 1.028%。对于资本密集型行业,人民币实际有效汇率的回归参数小于 0,并在 5% 的水平上通过显著性检验,表明人民币实际有效汇率升值对于资本密集型行业的产出有负面冲击。人民币实际有效汇率每升值 1%,资本密集型行业的产出将下降 0.91%,资本密集型行业产出受人民币汇率升值的负面冲击减少幅度小于劳动密集型行业。对于技术密集型行业,人民币实际有效汇率的拟合系数大于 0,但显著性不好,说明人民币实际有效汇率变化对技术密集型行业的影响并不显著。

　　这可能是由于我国的劳动密集型行业在全球价值链分工中处于低端,产品附加值较低,企业利润也很低,主要依靠规模化生产获取微薄的利润。而这类劳动密集型产业的进入门槛较低,因而面临的国际竞争也比较激烈。人民币实际有效汇率升值,使得这类产品在国际市场的需求减少,相关企业的利润受到挤压,企业被迫减少产量,有的企业被淘汰,最终使得劳动密集型行业的产出下降。

相对而言,资本密集型行业的进入门槛较高,利润空间相对劳动密集型企业较大。当人民币实际有效汇率升值时,这类产品在国际市场的需求量减少,并且企业的利润空间受到一定程度挤压,因而企业会适当缩减生产规模。但这类行业由于资本投入较多,沉没成本大,使得企业不会轻易退出市场。因此,相对于劳动密集型行业,资本密集型行业的产出减少较少。

技术密集型行业处于价值链的相对高端,产品的附加值较大,利润空间大并且产品的需求价格弹性也较低,企业有较高的自主定价权,使得这类企业受到的人民币汇率升值的冲击并不大。相反,由于人民币汇率升值,可能使得这类企业在引进国外的先进技术时的成本降低,因而人民币汇率升值在一定程度上有利于技术密集型行业的发展。

综上所述,我们通过采用截面—时间固定效应 OLS 方法,对1999—2011 年第二产业内部结构变动与人民币实际有效汇率升值之间的相关关系进行了实证研究。我们发现:在 2005 年汇率改革后,人民币实际有效汇率升值,第二产业内部结构发生了相应的变化。第二产业中的劳动密集型行业受到的人民币汇率升值的负面冲击较大,产出减少较多;资本密集型行业受到的负面冲击程度次之;技术密集型行业基本不受影响。由于人民币汇率升值对不同资源密集度行业的非对称冲击,使得资源在不同类型产业之间重新配置,第二产业内部的结构发生相应的变动。短期来看,人民币实际有效汇率升值对劳动密集和资本密集型行业有负面影响,但从长期来看,人民币汇率升值有利于使有限的资源由劳动密集型行业向资本和技术密集型行业以及其他行业流动,有利于我国第二产业内部结构的调整和升级。

第三节　人民币汇率升值对第三产业
内部结构变动的效应

近年来，我国经济迅速发展，综合国力增强，人民生活水平有了很大提高。随着收入的增长，人们对生产和生活服务的需求迅速增长，要求消费更多收入弹性大的商品，这直接推动了第三产业①的迅速发展。另外，随着社会分工更加专业化，一些原本在企业内部的业务如会计、审计、人力资源管理、咨询、数据处理、仓储运输等，逐渐由外部的专业机构来处理。因此第三产业的产值有了较大增加并且吸纳了大量劳动力，在国民经济中的地位不断上升。第一产业增加值占 GDP 的比重除了少数时期外，基本呈下降趋势。第二产业增加值占 GDP 的比重数次波动，但基本维持在 40%—50% 间。第三产业增加值占 GDP 比重也有几次波动，但基本呈上升趋势，1980 年比重仅为 20%，到 2011 年比重上升到了 43%。② 与此同时，第三产业吸收的劳动力也不断增加。图 3-5 显示：1980 年，第一产业吸纳了 69% 的劳动力，而第二、三产业吸纳的劳动力仅分别为 18% 和 13%。随着我国经济的发展，越来越多的劳动力从第一产业流向第二、三产业，但在 1980—1994 年间，第二产业产能的迅速增长使得第二产业吸收的劳动力比第三产业多。从 1995 年至今，第三产业日益繁荣，吸纳的劳动力开始超过第二产业，并且比重日益增大，到了 2011 年，第三产业吸收了 36% 的劳动力，而第二产业吸收的劳动力为 30%。

尽管我国第三产业发展迅速，但总体水平依然落后于发达国家，甚

---

① 根据《国民经济行业分类》（GB/T 4754—2002），第三产业主要包括：交通运输、仓储和邮政业，信息传输、计算机服务和软件业，批发和零售业，住宿和餐饮业，金融业，房地产业，租赁和商务服务业，科学研究、技术服务和地质勘查业，水利、环境和公共设施管理业，居民服务和其他服务业，教育，卫生、社会保障和社会福利业，文化、体育和娱乐业，公共管理和社会组织，国际组织。

② 数据来源：Wind 数据库。

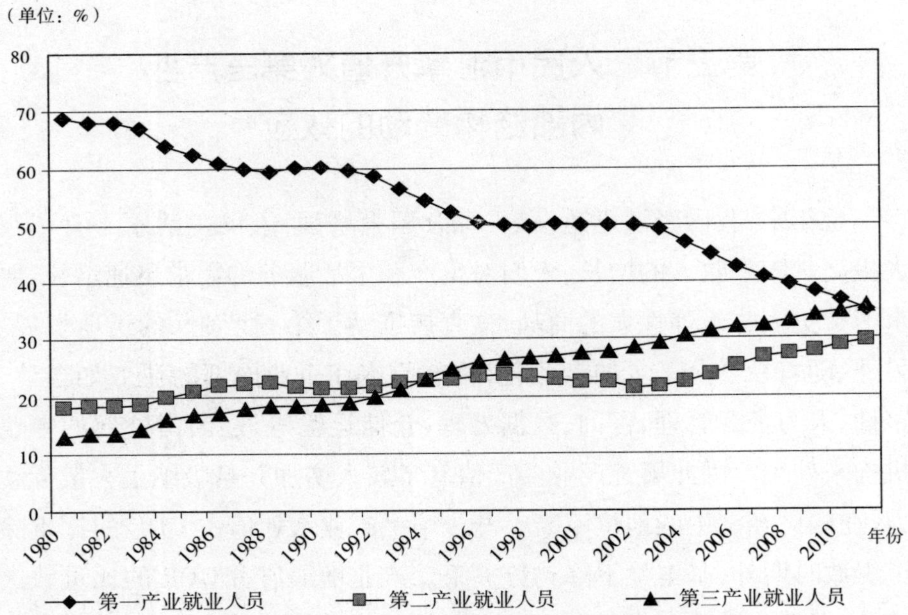

（单位：%）

图 3-5　三次产业就业人员占总就业人数比重

数据来源：中国国家统计局网站。

至也落后于一些与我国经济发展水平相当的发展中国家。图 3-6 显示，2011 年，美国的服务业增加值占 GDP 的比重接近 80%，日本的服务业增加值占比超过 70%；金砖四国中，中国的服务业增加值占比最低，仅为 43%，印度的人均国民总收入虽然比中国低，但服务业增加值占比却远高于中国，为 55%；俄罗斯和巴西的服务业增加值占比更分别高达 58% 和 67%。需要指出的是，此处我们获取的数据为服务业的数据，服务业是第三产业加上第一产业的农、林、牧、渔服务业增加值，由于农林牧渔服务业增加值较小，因此也可将服务业等同于第三产业①。

　　除此以外，我国第三产业内部结构层次也相对较低。如图 3-7 所示，美国 2004—2012 年新兴产业的增加值占第三产业总增加值的比重

————————————

①　蔡静静：《我国服务业结构变化与经济增长关系的实证分析》，河北大学 2009 年硕士学位论文。

（单位：%）

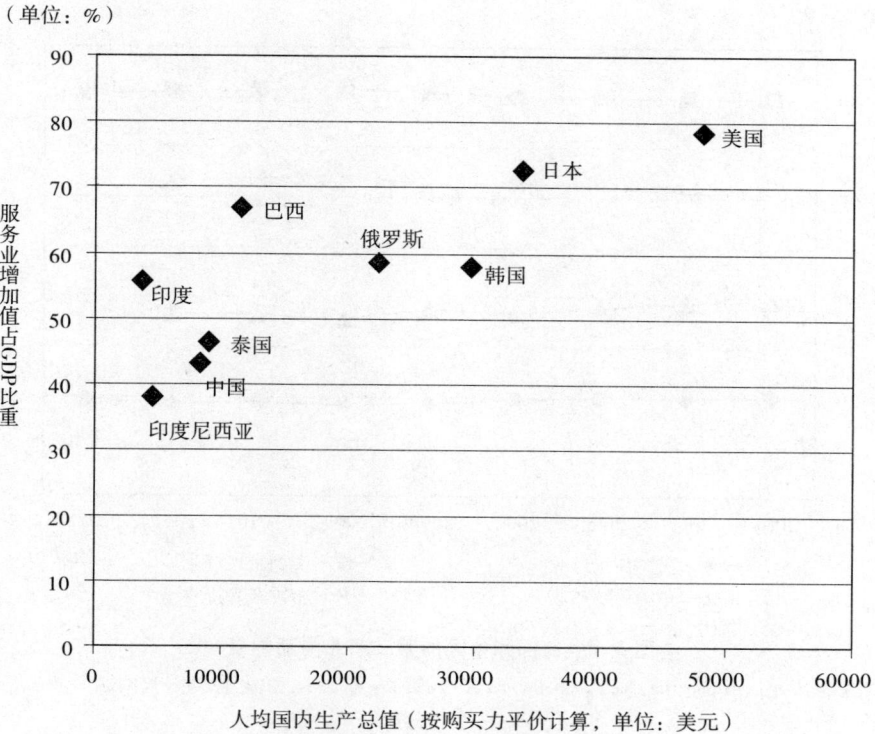

图 3-6 2011 年服务业发展状况的国际比较

数据来源:世界银行 WORLD DEVELOPMENT INDICATOR 数据库。

基本稳定在 80% 左右,而我国同一时期新兴产业占比仅为 60% 左右,但呈缓慢上升趋势。这些问题表明,我国的第三产业总体发展水平比较低,同发达国家甚至发展中国家相比还有很大差距,尚有很大的发展和提升的空间。

产业结构的调整和升级不仅表现为第三产业占总产出的比重增大,而且表现为第三产业内部的结构变动并呈现高级化趋势。本节中,我们将从汇率冲击条件下,第三产业内部不同行业结构调整的角度来研究汇率升值对我国产业结构调整的效应。我们将深入第三产业内部,研究第三产业内部是否出现了由传统产业向新兴产业、由劳动密集型产业向知识密集型产业升级的趋势。

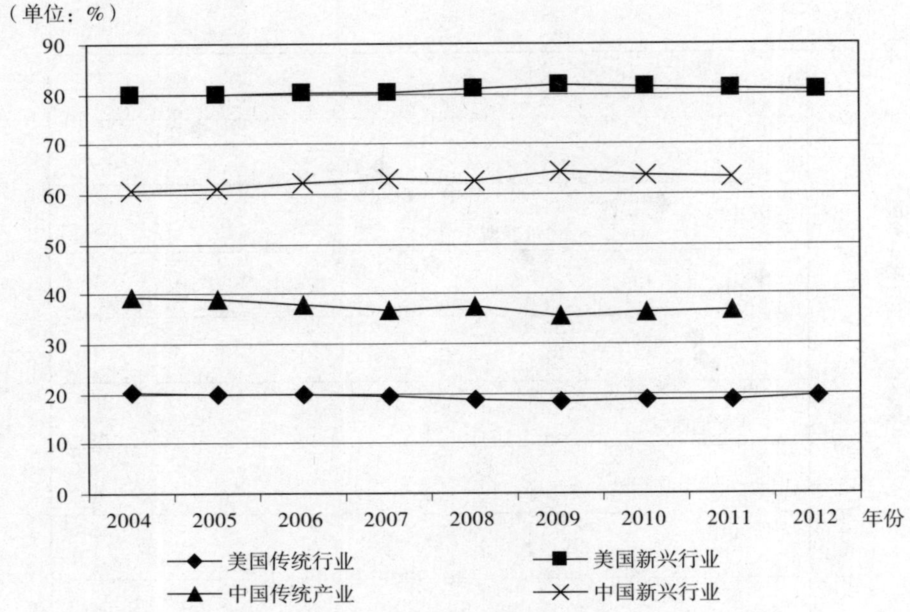

（单位：%）

图 3-7　美国和中国的第三产业内部构成

数据来源：U.S.Department of Commerce，Bureau of Economics analysis，中国国家统计局网站。

一、第三产业内部传统行业和新兴行业的结构变动

（一）方法和数据

通常认为批发和零售业，住宿和餐饮业，仓储、交通运输和邮政业为第三产业中的传统产业。而第三产业中的新兴产业则是以金融保险业、信息传输和计算机软件业、租赁和商务服务业、科研技术服务和地质勘查业、文化体育和娱乐业、房地产业及居民社区服务业等为代表的具有高附加值、高层次、知识型等特点的为生产和生活服务的行业。从图 3-7 中我们看到，近年来我国第三产业内部结构正发生变化：传统服务业在第三产业中的比重日渐减少，而新兴产业的比重有上升趋势。

我们利用以下模型估计人民币升值对第三产业内部传统和新兴产业结构变动的影响：

$$\ln Y_{it} = \alpha_0 + \alpha_1 \ln reer_t + \alpha_2 \ln invest_{i,t} + \alpha_3 \ln rd_{i,t} + \alpha_4 \ln labor_{i,t} +$$
$$\alpha_5 \ln con_{i,t} + \alpha_6 \ln et_{i,t} + \mu_{i,t} \tag{3-2}$$

$Y_{i,t}$ 为第三产业内部各行业增加值。reer 为实际有效汇率指数,我们对其取自然对数。$\mu_{i,t}$ 为误差项。其余变量为各行业 i 在时间 t 的相关控制变量,具体内容如下:

1. 资本要素投入($\ln invest_{i,t}$)

企业要改变盈利模式,要提高生产效率,提高单位劳动的产出,都依赖于更现代化的生产方式,因而需要加大资本投入的力度。微观企业的投资行为会推动整个行业的进步以及行业产出结构的变化。在这里我们选取各行业固定资产投资作为资本投入的代理变量,并对其取自然对数。

2. 研发活动投入($\ln rd_{i,t}$)

影响产业结构升级的另一个重要因素是技术创新。技术创新能提高传统行业的劳动生产率,也能够使新兴产业的效率得到大幅提升,因而吸引更多资源流入这些行业,进一步推动新兴行业的快速发展。我们选取各行业工业企业开发新产品投入的经费作为行业研发活动投入的代理变量,并对其取自然对数。

3. 劳动力要素投入($\ln labor_{i,t}$)

根据生产函数 $Y = F(K, AL)$,劳动力要素的投入也能促进产出的增加。第三产业中很多行业都是劳动密集型行业,因而劳动力要素的投入对于第三产业的产出和产出结构有尤为重要的影响。我们选取各行业的从业人员年平均数作为劳动力资本投入的代理变量,并对其取自然对数。

4. 需求($\ln con_{i,t}$)

消费者的消费需求是多样、持续变化,并与一定的收入水平相适应的。随着我国居民生活水平的提高和收入的增加,人们要求享受运输、餐饮、文化、娱乐、教育等各方面更多样化的服务,这也带动了第三产业

65

的发展以及第三产业内部结构的调整和升级。我们选取国家统计局公布的居民消费水平作为消费者需求的代理变量,并对其取自然对数。

5.科学、教育、文化传媒支出($\ln et_{i,t}$)

第三产业中很多行业如会计、审计、软件、咨询等行业需要的是具有专业知识的专业人才,是知识密集型行业。政府对科技、教育的投入,能有力地推动我国的科学、教育事业的发展,为相关行业发展提供必需的专业人才。另外,政府在文化、体育和传媒方面的支出,有助于向民众传播知识,推动社会的进步。我们选取政府财政支出中的科学支出、教育支出和文化体育与传媒支出的总和,并对其取自然对数。

由于数据条件有限,我们仅选取2005—2011年作为考察期,这一时期,人民币实际有效汇率呈现上升趋势。所有数据都来自2005—2013年《中国统计年鉴》《中国科技统计年鉴》《中国第三产业统计年鉴》。

（二）实证结果分析

我们采用截面—时间固定效应 OLS 方法,利用 STATA 软件拟合(3-2)式。回归结果如下:

表3-17　传统服务业和新兴服务业的估计结果

	传统服务业	新兴服务业
	lnoutput	lnoutput
lnreer	2.033 (0.62)	1.767** (2.41)
lninvest	0.193 (0.48)	0.238*** (5.86)
lnlabor	0.319 (0.38)	0.0801 (0.55)
lnrd	0.0218 (0.65)	−0.00204 (−0.19)
lncon	8.562 (0.52)	8.501** (2.55)
lnet	−5.115 (−0.49)	−4.960** (−2.32)

	传统服务业	新兴服务业
	lnoutput	lnoutput
_cons	75.80 (0.61)	73.14 *** (2.86)
N	13	63

注:t statistics in parentheses *p<0.10, **p<0.05, ***p<0.01。

从表3-17中我们看到,在2005年汇率改革之后,人民币汇率升值对传统行业的影响在统计上是不显著的,也就是说人民币汇率升值对传统行业没有太大影响。但人民币汇率升值对新兴行业的影响为正,并且通过5%的显著性检验,即人民币汇率升值对新兴行业的产出有显著的影响。2005—2011年间,汇率每升值1%,新兴服务业的产出增加1.767%。同时,固定资产投资和居民消费水平的提高都对新兴行业有正向的促进作用。这可能是因为,人民币汇率升值使得制造业中一部分附加值低、竞争力弱的劳动密集型行业缩减生产,部分生产要素从这类行业中转出,流入其他行业,其中必然有一部分流入第三产业。而第三产业中的传统行业,如批发和零售业,住宿和餐饮业,仓储、交通运输业等,较早开始了市场化运作,并在20世纪90年代经历了一个快速发展阶段,吸引了大量生产要素的流入。但在90年代以后,竞争越来越激烈,加之这类传统行业的技术进步和资源配置效率改善的空间较小,因而增长放缓。而相对来说,第三产业的中的新兴行业,如房地产、金融业、计算机软件、通信和信息服务等行业,受益于近年来我国的社会进步、经济的快速发展、居民消费水平的提升,获得了迅速的发展。这些行业具有智力要素密集度高、产出附加值高等特点,并且在生产过程中大量使用先进技术,劳动生产率高,利润空间大,并能针对消费者的需求提供个性化、差别化、异质性的服务,代表着未来第三产业发展的方向,拥有广阔的市场前景和较大的发展空间,因而能够吸引更多的生产要素流入这类行业。

二、第三产业内部消费性行业和生产性行业的结构变动

第三产业内部各行业,根据它们服务对象的不同,又可以分为生产性服务业和消费性服务业。生产性服务业的概念最早由哈里·I.格林菲尔德(Harry I.Greenfield,1966)提出。他认为生产性服务是商业企业、非营利性机构和政府提供给生产者而不是消费者的服务。勃朗宁、辛格曼(Browning,Singelman,1975)认为生产性服务业是从制造业内部独立并发展起来的,为制造业服务的行业。然而,对于生产性服务业所包含的具体行业,似乎并没有定论。这是因为,在经济统计中很难按格林菲尔德的定义将一些行业严格地界定为只向生产者提供服务而不向消费者提供服务。比如,金融业既向生产企业提供服务,也向个人消费者提供服务。类似的行业还有交通运输业等其他行业。我国政府在《国民经济和社会发展第十一个五年规划纲要》中将生产性服务业定义为交通运输业、现代物流业、金融服务业、信息服务业和商务服务业。基于这一分类标准,本书结合各行业的特点,认为生产性服务业主要包括以下行业:交通运输、仓储和邮政业,租赁和商务服务业,信息传输、计算机服务和软件业,金融业,科学研究及各种科技服务业。相对应的,消费性服务业主要包括:批发和零售业,住宿和餐饮业,房地产业,居民服务和其他服务业,文化、体育和娱乐业,水利、环境和公共设施管理业,教育、卫生、社会保障和社会福利业,公共管理和社会组织。

生产性服务业具有知识密集、技术密集的特点。生产性服务业中有的行业本身的生产活动就是创新的过程,例如软件业,为了满足客户的需求,根据客户的特点为客户编写软件,以提高客户的生产效率。另外,生产性服务业通过专业的服务,能为传统制造业或服务业降低成本,提高生产效率,同时传播先进的管理经验和知识。例如,专业的管理咨询服务,能够为企业优化生产流程,改进企业管理方法,从而使企

业生产和管理的效率提高;物流服务在为企业提供传统的运输服务的同时,还利用各种高科技技术手段为企业管理库存,尽可能减少库存积压,提高了企业的资金流转速度。由此可见,生产性服务业可以降低制造业企业的生产成本、交易成本并增强企业竞争优势。我国的制造业要升级,要从价值链低端的劳动密集的加工、组装环节逐渐升级到价值链高端的知识密集、技术密集的设计、营销环节,必不可少地需要专业化的、知识和技术密集的生产服务业的协同发展,才能实现制造业的升级。因此,大力发展生产性服务业也是中国产业结构优化升级的重要方面。

类似地,我们利用(3-2)式中的模型研究人民币实际有效汇率升值同生产性服务业发展的关系。我们分别以生产性服务业和非生产性服务业的行业增加值作为被解释变量,以人民币实际有效汇率作为解释变量,以行业的固定资产投资、劳动力投入、研发投入、居民消费水平、科教文化传媒支出作为控制变量,采用截面—时间固定效应 OLS 方法,利用 STATA 软件拟合(3-2)式。从表 3-18 中我们看到,在控制了行业的固定资产投资、劳动力投入、研发投入、居民消费水平、科教文化传媒支出等可能影响行业增加值的因素以后,人民币实际有效汇率升值对消费性服务业的增加值没有显著影响。这是因为消费性服务业中的很多行业,如住宿和餐饮业,文化、体育和娱乐业,卫生、社会保障和社会福利业等行业主要是服务于居民的日常生活,为居民的日常生活提供便利的,汇率的升值对这类行业的影响不大。人民币实际有效汇率升值对生产性服务业具有显著的影响,通过了 5% 的显著性检验,汇率每升值 1%,会使生产性服务业的增加值增加 2.867%。控制变量中,行业的固定资产投资,劳动力的投入和居民消费水平的提高都对生产性服务业的产出有正向的促进作用。这是因为近年来,人民币实际有效汇率的升值,使得我国很多处在价值链低端的劳动密集型制造业企业受到了较大的冲击,也因此形成了"倒逼机制",迫使企业积极地提高生产效率,降低生产和交易成本,增加产品的附加值。而生产性服务业提供的服务可以满足制造业这方面的需求,因此,人民币汇率升值能够显著地推动生产性服务业产出的增长,进而推动第三产业内部结构的升级。

表 3-18　生产性服务业和消费性服务业估计结果

	消费性服务业	生产性服务业
	lnoutput	lnoutput
lnreer	0.192 (0.26)	2.867 ** (2.52)
lninvest	0.0308 (0.51)	0.364 *** (6.87)
lnlabor	0.124 (0.70)	0.520 ** (2.32)
lnrd	0.00725 (0.78)	0.0146 (0.89)
lncon	−0.0169 (−0.00)	16.22 *** (3.15)
lnet	0.624 (0.28)	−10.06 *** (−3.04)
_cons	7.347 (0.28)	134.2 *** (3.38)
N	46	30

注:t statistics in parentheses $*p<0.10$, $**p<0.05$, $***p<0.01$。

综上所述,本节通过采用截面—时间固定效应 OLS 方法,对 2005—2011 年第三产业内部结构的变动与人民币实际有效汇率升值之间的相关关系进行了实证研究。我们发现:由于近年来人民币实际汇率升值,第三产业内部结构发生了相应的变化。第三产业中的传统行业对人民币汇率升值并不敏感,而新兴行业的产出会随着人民币实际有效汇率升值而增加；第三产业中的消费性服务业对汇率升值不敏感，而生产性服务业的产出会随着人民币实际有效汇率升值而增加。总体而言，人民币汇率升值有利于使有限的资源由劳动密集型行业向资本和技术密集型行业流动、由低附加值行业向高附加值行业流动，人民币汇率升值有利于我国第三产业内部结构的调整和升级。

第四节　人民币汇率升值对产业结构变动的效应

本章中我们用向量自回归模型（VAR）、面板数据截面—时间固定模型等方法，分别从全国和东、中、西部地区两个层面的第二、三产业的相对结构变动的角度，以及从第二、三产业内部不同性质行业之间的相对结构变动的角度，研究人民币汇率升值对我国的产业结构调整和产业转移的效应。我们的研究结果显示：人民币汇率升值对我国产业结构的调整、升级有促进作用，同时也推动了我国区域间的产业转移。具体内容包括：（1）从全国层面来看，人民币汇率升值对第二产业产出份额产生负面影响，对第三产业产出份额产生正面影响。第二产业产出份额逐渐减少，第三产业产出份额增加，反映了产业结构调整和升级。（2）从地区层面看，人民币汇率升值，对东部地区第二产业的负面影响最小，对中、西部的影响相对较大；对东部地区的第三产业的正面效应最小，对中、西部的效应相对较大。我国地区之间梯级的产业结构形态正在形成。（3）从第二产业内部结构来看，人民币实际有效汇率升值，第二产业内部结构发生了相应的变化。第二产业中的劳动密集型行业受到人民币汇率升值的负面冲击较大，产出减少较多；资本密集型行业受到的负面冲击程度次之；技术密集型行业基本不受影响。由于人民币汇率升值对不同资源密集度行业的非对称冲击，使得资源在不同类型产业之间重新配置，第二产业内部的结构发生相应的变动。短期来看,人民币实际有效汇率升值对劳动密集型和资本密集型行业有负面影响,但从长期来看,人民币汇率升值有利于使有限的资源由劳动密集型行业向资本和技术密集型行业以及其他行业流动,有利于我国第二产业内部结构的调整和升级。(4)从第三产业内部结构来看,人民币实际有效汇率升值,使得第三产业内部结构发生了相应的变化。第三产业中的传统行业对人民币汇率升值并不敏感,而新兴行业的产出会随着人民币实际有效汇率升值而增加;第三产业中的消费性服务业对人民币汇率升值不敏感,而生产性服务业的产出会随着人民币实际有效汇率升值而增加。总体而言,人民币汇率升值有利于使有限的资源由劳动密集型行业向资本和技术密集型行业流动、由低附加值行业向高附加值行业流动,人民币汇率升值有利于我国第三产业内部结构的调整和升级。

第四章　人民币汇率升值的产业结构及其区域转移效应:进出口贸易机制

第一节　进出口贸易机制的理论和现实分析

许多发展中国家和地区,如中国台湾、中国香港、新加坡等的发展和产业升级路径都表明:进出口贸易除了能够促进国家或地区的产出增长,还能够对其产业结构产生很大的影响。一个国家或者地区的产业结构决定了其贸易结构,而贸易结构通过出口的竞争效应和进口的溢出效应来改善本国或地区的产业结构。

出口的竞争效应对出口国的产业结构调整主要表现在,出口国企业为了在激烈的国际竞争中生存下来,努力提高本企业的生产效率,通过使用先进的技术设备或者通过改善企业的生产流程、管理体系来降低成本并提高企业的劳动生产率。在这个过程中,一些效率低下的企业被淘汰,资源流向效率更高的企业,使得整个行业的劳动生产率提高,因而产业结构得到调整和改善。出口企业生产效率的提升,能够通过示范效应,直接或者间接地传递给当地的企业或者其上下游企业,使得更多的企业学习提高生产效率的方法。因此,出口企业生产效率的提升对本国企业有很好的示范作用,能够产生正的外部性,带动相关企业的生产效率的提高。

另一方面,出口企业的产品要进入发达国家的市场,要不断满足发达国家市场的产品需求,必然要在产品的设计、性能等方面有所改进和突破,这也能够推动出口国企业的技术进步,并进一步带动上下游企业的技术进步,产生正的外部性。

进口也对进口国的产业结构调整有积极作用。我国许多行业的技术水平大大落后于发达国家。通过贸易,我们进口大量中间产品。这些中间产品中,资本品的进口能够有效地增加我国国内资本品的存量,能够提高我国资源的生产率,最终改善我国的产业结构。然而,近年来,出现了大量的加工贸易。我国从国外大量进口中间产品,进行简单的加工后再次出口。这类加工贸易对促进就业有积极的作用,但加工贸易企业以贴牌生产为主,缺乏自主品牌并且不掌握产品的核心技术。闫国庆等(2009)的研究表明,从总体上看,我国的加工贸易的加工环节还处在劳动密集型水平上,真正体现技术水平和要素含量的高新技术设备和中间投入品等生产要素还主要依赖从国外进口。因此,直觉上,大量加工贸易增加了我国进出口贸易额,但单纯以利用我国廉价的劳动力为目的的加工贸易对我国的产业结构调整和升级并没有太多的积极意义。此外,进口国外的高技术产品,为本国企业提供了一个学习国外的先进生产方法、产品的设计或者企业的生产、组织、管理方式的途径,可以使我国通过更高效的资源配置方式来推动我国的技术进步。

汇率变动引致产业结构变动有三个主要的传导阶段:首先是汇率变动引致进出口贸易的变动,然后是进出口贸易的变动引起进出口部门的产出和结构变动,最后是进出口部门的结构变动引起总体的产业结构的变动。

根据比较优势理论,各个国家都根据自身的要素禀赋也即比较优势,参加到国际分工中,生产和出口具有相对比较优势的产品,同时进口本国有相对劣势的产品。长期以来,我国原材料价格低廉,劳动力成本低,使得我国的出口产品结构主要是以一些资源和劳动密集型的产品为主。由于长期以来我国的汇率低估,使得我国的出口产品更具有价格优势,大量的资源和生产要素流向制造业中的劳动密集型行业。

然而,近年来的汇率升值,使得这些廉价的、资源和劳动密集型产品的价格优势被削弱,国外消费者对这些产品的需求减少,相关的产品出口减少。对进口而言,我国相对于外国,在资本和技术密集型产品的生产方面处于劣势,因而我国进口的产品主要是国外的资本和技术密集型产品。汇率升值使得进口成本降低,进口产品的国内竞争力上升,刺激了国内市场对进口产品,特别是资本和技术密集产品的需求,进口量增加。由此可见,汇率升值使得我国的贸易结构发生改变。

由于贸易结构的改变,我国进出口部门的产出和结构受到了影响。传统的出口劳动密集型产品的企业和行业受到较大冲击,一些竞争力弱的企业被迫退出市场,劳动密集型产品的产量减少,生产要素流出该部门,流向具有更高生产率的部门。与此同时,由于汇率升值,非贸易品相对于贸易品的价格上升,因而吸引更多的资源流向生产非贸易品的第三产业/非贸易品生产部门。这样,汇率升值对进出口部门的冲击进一步传导到了整个第二产业和第三产业部门:部分从第二产业部门中的劳动密集型行业的资源流出的生产要素可能流入第二产业中生产率更高的行业和第三产业部门,引起第二、三产业之间结构的变化。

为了分析汇率升值对进出口产生的影响,进而对我国的产业结构所可能产生的影响,我们借鉴艾克侯姆(2012)建立的一个简单的理论模型进行说明。

假定某企业的产品一部分在本国市场销售,一部分销往海外市场,该企业的营业收入为:

$$R_i = p_i x_i + e p_i^* x_i^* \tag{4-1}$$

上式中,p_i 为国内产品的销售价格,x_i 为国内销售的产品数量,e 为直接标价法标注的名义汇率,p_i^* 为国外市场销售的产品的价格,x_i^* 为国外市场销售的产品的数量。

对上式变形得:

$$R_i = (x_i + e p_i^* x_i^* / p_i) p_i \tag{4-2}$$

令 $E_i = p_i / e p_i^*$ ，E 是实际汇率，E_i 上升表示实际汇率升值，E_i 下降表示实际汇率贬值。（4-2）式可以表示为：

$$R_i = (x_i + x_i^* / E_i) p_i \qquad (4-3)$$

假定汇率变动了，我们根据（4-3）式可得企业关于 E_i 的收入弹性：

$$\frac{\partial R_i}{\partial E_i} \frac{E_i}{R_i} = - \frac{e p_i^* x_i^*}{R_i} = - \lambda_i \qquad (4-4)$$

从上式中我们看到：λ_i 为该企业的出口额占营业收入的份额。对于给定的产出和价格，1%的汇率升值会减少 $\lambda_i\%$ 的营业收入。

类似地，假定企业生产过程中所使用的中间产品或生产要素中，一部分购买自国内市场，一部分通过进口来满足企业的需求。我们定义该企业的成本函数为：

$$C_i = q_i v_i + e q_i^* v_i^* \qquad (4-5)$$

上式中，q_i 为本国市场销售的产品的价格，v_i 为本国市场销售的产品的数量；q_i^* 为外国市场销售的产品的价格，v_i^* 为外国市场销售的产品的数量。

经过变形，上式可以表示为：

$$C_i = q_i (v_i + e q_i^* v_i^* / q_i) \qquad (4-6)$$

令 $Q_i = q_i / e q_i^*$ ，上式可变形为：

$$C_i = q_i (v_i + v_i^* / Q_i) \qquad (4-7)$$

类似地，假定 Q_i 发生变化，则关于 Q_i 的成本弹性为：

$$\frac{\partial C_i}{\partial Q_i} \frac{Q_i}{C_i} = - \frac{e q_i^* v_i^*}{C_i} = - \widetilde{\lambda}_i \qquad (4-8)$$

也就是说汇率变动的成本弹性等于进口中间品成本占总成本的份额。对于给定的投入和价格，1%的实际汇率升值减少企业 $\widetilde{\lambda}_i\%$ 的成本。

假定 $E_i = Q_i$,表示以产出品价格衡量的实际汇率等于以投入中间品价格衡量的实际汇率。

企业的利润函数为: $\pi_i = R_i - C_i$ (4-9)

$$\frac{\partial \pi_i}{\partial E_i} \frac{E_i}{\pi_i} = \frac{E_i}{\pi_i}\left(\widetilde{\lambda}_i \frac{C_i}{E} - \lambda_i \frac{R_i}{E_i}\right) = -\lambda_i - \frac{\lambda_i - \widetilde{\lambda}_i}{\pi_i / C_i} = -\widetilde{\lambda}_i - \frac{\lambda_i - \widetilde{\lambda}_i}{\pi_i / R_i}$$

(4-10)

观察上式中 $(\lambda_i - \widetilde{\lambda}_i)$ 项,我们可以分几种情况讨论:

(1)假定某企业全部用于生产的中间产品都从国内市场购买,即 $\widetilde{\lambda}_i = 0$,则该企业的出口依存度越高,也即出口额占营业收入的份额 λ_i 越大,$(\lambda_i - \widetilde{\lambda}_i)$ 就越大,那么当汇率升值时,企业的利润减少就越多。

(2)当企业用于生产的部分中间产品从国外市场购买,$\widetilde{\lambda}_i > 0$ 时,进口中间品成本占总成本的份额 $\widetilde{\lambda}_i$ 越大,企业的生产越依赖于国外进口的中间品时,$(\lambda_i - \widetilde{\lambda}_i)$ 就越小,则当汇率升值时,企业的利润减少就越少。

从上面的分析我们可以看到:汇率变动对企业利润影响程度的大小受到企业的出口依存度和进口中间品成本占总成本的份额的影响。当汇率升值时,如果企业营业收入中很大部分来自出口,则企业的利润可能减少较多,但如果企业生产过程中使用的中间品有相当一部分来自进口,则汇率升值带来的成本下降也可能使得企业从中受益。

我国的各行业的进口和出口依存度不同,使得汇率升值时,不同行业的利润从进出口渠道受到的冲击程度不相同,因而影响相关行业的产出,进而对总体的产业结构产生影响。结合我国的实际情况来看,我国各行业的进口和出口依存度差异很大。如表4-1所示,出口依存度最大的行业是计算机、通信和其他电子设备制造业,并且出口交货值占全部销售产值的比重在 2008 年金融危机前有逐年上升的趋势,2008 年金融危机后缓慢下降。农副食品加工业、食品制造业、非金属矿产品、金属制品业、纺织业这类劳动密集型行业的出口依存度在逐年下降。类似地,表 4-2 是我国的各行业的进口依存度情况。进口依存度较大的行业是一些技术密集型行业如仪器仪表制造业,电器、机械和器材制造业,通用设备制造业,但总体上,这些行业的进口份额都呈下降趋势。另外,一些资本密集型行业,如石油加工、炼焦和核燃料加工业的进口依存度也较大。

不同行业的进出口占其营业收入的份额的差异,使得汇率变动时通过对外贸易渠道对行业的产出产生不同的冲击,最终导致行业产出结构的变化和产业结构的变化。

表 4-1　制造业部分行业出口交货值占销售产值的比重　　（单位:%）

	2003	2004	2005	2006	2007	2008	2009	2010	2011	2012
计算机、通信和其他电子设备制造业	53	63	61	67	68	68	62	63	60	61
电气机械和器材制造业	25	29	27	26	25	23	19	19	19	17
通用设备制造业	15	17	17	16	16	14	10	10	10	13
纺织业	30	30	27	25	22	19	17	17	15	12
金属制品业	28	31	27	26	25	21	14	14	13	11
专用设备制造业	9	12	13	14	14	14	9	10	9	10
印刷和记录媒介复制业	10	10	11	10	11	10	9	8	8	7
医药制造业	11	11	11	11	11	10	8	8	7	7
化学纤维制造业	6	4	6	7	9	9	7	7	7	7
食品制造业	11	12	11	10	9	9	7	7	6	6
化学原料和化学制品制造业	9	10	10	9	9	9	6	6	6	6
农副食品加工业	11	12	10	11	9	7	6	6	5	5

续表

	2003	2004	2005	2006	2007	2008	2009	2010	2011	2012
非金属矿物制品业	9	10	10	10	9	7	5	5	4	4
黑色金属冶炼和压延加工业	3	6	6	7	7	7	2	3	3	4
有色金属冶炼及压延加工业	10	10	9	9	7	6	4	4	4	3
酒、饮料和精制茶制造业	4	4	4	4	4	3	2	2	2	2
石油加工、炼焦和核燃料加工业	5	3	3	2	2	2	2	1	1	1
烟草制品业	1	1	1	1	1	0	0	0	0	0

数据来源：出口交货值和工业销售产值原始数据来自 CEIE 数据库。本表数据由作者计算而来。

表 4-2　制造业部分行业进口额占营业收入的比重　　　（单位：%）

	2003	2004	2005	2006	2007	2008	2009	2010	2011	2012
非金属矿采选业	152	279	315	276	335	353	221	255	270	210
仪器仪表制造业	134	156	153	137	128	114	95	99	89	105
石油加工、炼焦和核燃料加工业	38	44	44	47	44	52	40	44	48	50
电气机械及器材制造业	115	108	107	99	84	63	51	50	45	44
交通运输设备制造业	13	12	10	12	10	8	7	8	8	37
通用设备制造业	109	94	77	65	53	40	32	34	32	30
化学原料及化学制品制造业	51	48	44	39	34	28	23	24	22	18
造纸及纸制品业	29	26	22	19	18	16	13	13	14	12
有色金属冶炼及压延加工业	28	25	23	18	18	13	15	15	13	11
家具制造业	29	25	23	21	18	15	13	14	12	10
农副食品加工业	20	20	16	13	13	14	10	11	10	10

续表

	2003	2004	2005	2006	2007	2008	2009	2010	2011	2012
木材加工及木、竹、藤、棕、草制品业	41	33	27	22	18	12	9	11	12	9
文教、工美、体育和娱乐用品制造业	22	23	24	26	29	26	21	27	34	9
纺织业	21	19	16	14	11	8	7	7	8	8
皮革、毛皮、羽毛（绒）及其制品业	16	16	14	13	11	9	6	7	7	6
医药制造业	4	4	4	4	4	5	5	4	5	5
黑色金属冶炼和压延加工业	21	14	12	8	7	5	6	4	4	3
食品制造业	4	4	3	3	2	2	2	2	3	3
纺织服装、鞋、帽制造业	1	1	1	1	1	1	1	1	1	1
非金属矿物制品业	4	4	3	2	3	2	2	1	1	1
烟草制品加工业	1	1	1	1	1	1	1	1	1	1
饮料制造业	1	1	1	1	1	1	1	1	1	1

数据来源：原始数据来自中国统计年鉴。表中数据经作者计算而来。

第二节　进出口贸易机制的实证分析

一、人民币汇率升值对产业结构效应的进出口贸易机制：全国层面

（一）模型和数据

我们参照王勋等（2013）的方法建立如下模型：

出口贸易机制的模型为：

$$structure^{\theta}_{i,t} = \alpha_0 + \alpha_1 export_{i,t} \times \ln reer_{t-1} + \alpha_2 \ln reer_{i,t-1} +$$

$$\alpha_3 \, export_{i,t} + \alpha_4 \mathrm{ln}gdp_{i,t} + \alpha_5 (\mathrm{ln}gdp_{i,t})^2 + \alpha_6 \mathrm{ln}invest_{i,t} + \mu_{i,t} \quad (4-11)$$

上式中，i 代表各省或直辖市，t 代表年份。$\theta = 2$ 时，被解释变量为 $structure_{i,t}^2$，代表第二产业生产总值占地区生产总值的比重；$\theta = 3$ 时，被解释变量为 $structure_{i,t}^3$，代表第三产业生产总值占地区生产总值的比重。我们参照毛日昇（2013）的方法，以交叉项来反映汇率升值通过相关渠道影响产业结构的机制。关键解释变量为交叉变量 $export_{i,t} \times \mathrm{ln}reer_{t-1}$，其中 $export_{i,t}$ 为各地区的出口开放度，这里采用出口总额占 GDP 比重计算；$\mathrm{ln}reer_{t-1}$ 为滞后一期的实际有效汇率指数。根据 J 曲线效应，汇率发生变化，对进出口的影响有一定时滞，我们选择滞后一期的实际有效汇率与当期的出口总额占 GDP 份额作为交叉项。其余的关键解释变量包括：滞后一期的实际有效汇率 $\mathrm{ln}reer_{t-1}$；出口开放度 $export_{i,t}$；控制变量包括：取对数的人均国内生产总值 $\mathrm{ln}gdp_{i,t}$，反映地区的经济发展水平；取对数的人均国内生产总值的平方项 $(\mathrm{ln}gdp_{i,t})^2$，由于产业结构调整和升级同收入水平之间可能存在倒"U"形关系，即当经济发展初期，消费者的消费需求主要集中在对工业品的需求上以满足基本的生活需要，因而第二产业产出比重上升；但随着经济水平的提高、收入的增加，消费者会要求消费更多的服务业/第三产业产品，这时第二产业产出比重下降；固定资产投资 $\mathrm{ln}inves\, t_{i,t}$；$\mu_{i,t}$ 为误差项。

进口贸易机制的模型为：

$$structure_{i,t}^{\theta} = \beta_0 + \beta_1 \, import_{i,t} \times \mathrm{ln}reer_{t-1} + \beta_2 \, import_{i,t} + \beta_3 \mathrm{ln}reer_{t-1} + \beta_4 \mathrm{ln}gdp_{i,t} + \beta_5 (\mathrm{ln}gdp_{i,t})^2 + \beta_6 \mathrm{ln}(invest_{i,t}) + \mu_{i,t} \quad (4-12)$$

类似地，i 代表各省或直辖市，t 代表年份。$\theta = 2$ 时，被解释变量为 $structure_{i,t}^2$，代表第二产业生产总值占地区生产总值的比重；$\theta = 3$ 时，被解释变量为 $structure_{i,t}^3$，代表第三产业生产总值占地区生产总值的比重。$import_{i,t}$ 为进口渗透度，用进口额除以 GDP 计算得到；$import_{i,t} \times \mathrm{ln}reer_{t-1}$ 为进口渗透度和滞后一期的实际有效汇率的交叉项，反映汇率升值通过进口渠道对第二和第三产业生产总值占地区生产总值的比重。其余的关键解释变量包括：滞后一期的实际有效汇率 $lnreer_{t-1}$；进口渗透度 $import_{i,t}$；控制变量的设置与出口渠道模型相同，此处不再赘述。

reer 来自 IMF，其余数据来自《中国统计年鉴》2000—2013 年各期。所有的当期名义值都用以 2005 年为基期的 CPI 值进行调整。

（二）计量结果和分析

为了可能避免的异方差问题，我们选用 GLS 方法进行估计。我们以全国 31 个省、直辖市或自治区为样本进行估计，估计结果如下：

表 4-3　进出口渠道估计结果（全国）

	（1）	（2）	（3）	（4）
	出口渠道	出口渠道	进口渠道	进口渠道
	structure2	structure3	structure2	structure3
export×lnreer(−1)	−0. 0347 *** (−5. 48)	0. 0261 *** (3. 27)		
export	0. 163 *** (5. 56)	−0. 0479 (−1. 30)		
lnreer(−1)	−0. 0874 *** (−3. 33)	0. 0581 ** (2. 05)	−0. 116 *** (−4. 39)	0. 0743 *** (3. 16)
import×lnreer(−1)			−0. 0318 *** (−3. 26)	0. 0367 *** (4. 08)
import			0. 205 ** (2. 58)	−0. 0934 (−1. 28)
lngdp	0. 329 *** (6. 35)	−0. 501 *** (−7. 73)	0. 188 *** (3. 24)	−0. 363 *** (−6. 17)
lngdpsquare	−0. 0177 *** (−6. 47)	0. 0284 *** (8. 44)	−0. 00966 *** (−3. 15)	0. 0203 *** (6. 58)
lninvest	0. 0464 *** (19. 56)	−0. 0337 *** (−14. 65)	0. 0398 *** (14. 75)	−0. 0247 *** (−12. 33)

	（1）	（2）	（3）	（4）
	出口渠道	出口渠道	进口渠道	进口渠道
	structure2	structure3	structure2	structure3
_cons	−1.426*** （−4.66）	2.849*** （7.85）	−0.565* （−1.67）	2.050*** （6.20）
N	402	402	402	402

注:t statistics inparentheses $^*p<0.10$, $^{**}p<0.05$, $^{***}p<0.01$。

1. 出口贸易机制

表4-3中第（1）列，交叉项（export×lnreer(−1)）的系数显著为负，表明人民币汇率升值通过出口贸易渠道对第二产业产出占GDP的比重有显著的负面影响，并且出口额占总产出的份额越大，经济外向程度越高，当人民币汇率升值时，对第二产业的负面影响就越大;汇率每升值1%，通过出口渠道的作用，第二产业产出的份额会减少0.0347%。这可能是因为目前我国的出口商品中，以工业制成品为多数，因此，一旦人民币汇率升值，出口产品的国际市场价格升高，不利于产品的出口，对第二产业的产出份额产生负面影响。

其他的解释变量中，出口占总产出的比重（export）的系数显著为正，说明出口占GDP比重的增加，促进了地区第二产业产出占总产出比重的增加，即出口有利于推动制造业产出的增长。取对数的人均实际GDP（lngdp）的估计系数显著为正，其平方项（lngdpsquare）的估计系数显著为负，验证了收入水平与产业结构的倒"U"形关系:当经济发展初期，消费者的消费需求主要集中在对工业品的需求，以满足基本的生活需要，因而第二产业产出比重上升;但随着经济水平的提高、收入的增加，消费者会要求消费更多的服务业/第三产业产品，这时第二产业产出比重下降。取对数的固定资产投资（lninvest）的系数也显著为正，说明增加固定资产投资,能够显著地促进第二产业的产出。

表4-3中第(2)列的被解释变量为第三产业/服务业的产出占总产出的份额。估计结果表明:交叉项(export×lnreer(-1))的估计系数显著为正,说明人民币汇率升值通过出口渠道有利于第三产业产出份额的增加;汇率每升值1%,通过出口渠道的作用,第三产业的产出份额增加0.0261%。这可能是因为,人民币汇率贬值时,我国的产品价格降低,在国际市场上更有竞争力,有利于我国产品的出口,因此资源大量流向出口部门,带动第二产业产出增长。然而,在资源约束给定的前提条件下,更多的资源流向出口部门和第二产业,意味着流向第三产业的资源相对减少,第三产业的发展受到抑制。反之,当人民币汇率升值时,出口部门受到抑制,部分资源流出出口部门,部分资源可能流入第三产业部门,因而第三产业的产出增长。因此,人民币汇率升值通过出口渠道对第三产业部门产出的增长有正向的促进作用。

上文的分析表明:人民币汇率升值通过出口渠道对第二产业产出份额有负面作用,却对第三产业产出份额有正面作用。因此,人民币汇率升值通过出口渠道促进了我国第二、三产业之间的结构的调整。

2.进口贸易机制

表4-3中第(3)列为人民币汇率升值通过进口渠道对第二产业产出份额的效应。估计结果显示:交叉项(import×lnreer(-1))的系数显著为负,这说明:人民币汇率升值,通过进口贸易渠道使得第二产业产出份额下降,并且如果进口占GDP的比重越大,第二产业产出份额下降就越多;人民币汇率每上升1%,通过进口渠道的作用,第二产业产出份额将减少0.0318%。传统理论认为:人民币汇率上升,有助于以更低的成本进口商品,特别是进口一些资本和技术密集型的产品,这些产品在生产中的使用,有利于提高相关行业的劳动生产率,因此能促进第二产业产出的增加。我们的结果与传统理论相背离:人民币汇率升值,不但没有通过进口渠道使得第二产业产出比重增加,反而使得第二

产业产出比重降低。这主要是因为加工贸易在我国的大量存在。我国的大量进口是为相关的出口部门提供原材料和中间产品。人民币汇率升值使得出口需求降低,因而影响到了相关的加工贸易对进口产品的需求,因此进口数量占 GDP 比重越大,人民币汇率升值通过进口渠道对第二产业的产出的负面影响越大。

其他的解释变量中,进口占 GDP 比重项(import)的系数为正,说明进口增加能促进第二产业产出比重的增加,这与传统的理论相符。取对数的人均实际 GDP(lngdp)的估计系数显著为正,其平方项(lngdpsquare)的估计系数显著为负,取对数的固定资产投资(lninvest)的系数也显著为正,这都与上文相似,此处不再赘述。

表 4-3 中第(4)列为人民币汇率升值通过进口渠道对第三产业产出份额的影响。估计结果显示:交叉项(import×lnreer(-1))的系数显著为正,这说明人民币汇率升值通过进口渠道对第三产业产出份额有显著的正向影响,进口占 GDP 的比重越大,这种正向影响就越大;人民币汇率每升值1%,通过进口渠道的作用,第三产业的产出份额将会增加 0.0367%。因此人民币汇率升值,通过进口渠道有利于第三产业产出比重的增加。出现这种现象的原因在于:根据我们上文分析的结论,人民币汇率升值,使得国外市场对我国出口产品的需求下降;又由于加工贸易在我国的大量存在,国外需求的减少使得相关的加工贸易对进口产品的需求也相应减少。因此,人民币汇率升值通过进口渠道抑制了第二产业的产出。相应地,生产要素会流出这类行业,流入其他行业。因此,更多的生产要素流入第三产业,第三产业产出份额相应增加。

控制变量中,表 4-3 第(4)列中取对数的固定资产投资(lninvest)的系数为负。这可能是因为,我国进口的商品中,以各类资本和技术密集的外国产品为主。在资源给定的前提条件下,大量的资源投向了这类资本、技术密集型的产品,而这些产品更多地被用于制造业企业中,因此抑制了第三产业的发展,或者尽管第二、三产业都得到了发展,但相对而言,第三产业的发展速度慢于第二产业,因此固定资产投资的增加反而抑制了第三产业的产出份额增加。

在上文的分析中,我们采用面板数据 GLS 方法,对人民币汇率升值通过进出口贸易渠道对我国产业结构变动的效应进行了研究。我们发现:人民币汇率升值通过出口渠道对第二产业产出份额有负面作用,却对第三产业产出份额有正面作用。因此,人民币汇率升值通过出口渠道促进了我国第二、三产业之间结构的调整。人民币汇率升值,通过进口渠道对第二产业产出比重有负向影响,并且如果进口占 GDP 的比重越大,第二产业产出比重受到的负面影响就越大,对第三产业产出的比重有显著的正向影响。人民币汇率升值通过进口渠道有助于我国产业结构的调整和升级。

二、人民币汇率升值对产业结构效应的进出口贸易机制:地区层面

我国地域辽阔,各地区的经济发展水平、产业结构、对外开放度都各不相同,那么人民币汇率升值通过进出口贸易渠道对我国中、东、西部产业结构的影响是否相同呢? 另外,我国的中、东、西部地区的产品结构不同,相关产品的价格需求弹性不同,会不会因此导致这些地区的产业结构在受到汇率冲击时作出不同的反应呢? 本节将比较我国不同地区的产业结构,通过贸易渠道对人民币汇率升值作出的反应。

(一)中、东、西部地区对外贸易差异分析

从图 4-1 和图 4-2 中我们看到,我国东部地区的经济外向程度较高,无论是出口还是进口份额,东部地区所占的比重都大大高于中部和西部地区。而我国中部和西部地区的进口和出口份额比较接近,中部地区的进出口份额略高于西部地区。这可能是因为,我国的东部地区对外开放较早,一些东部城市是我国对外开放的重要窗口,如深圳、上海等;加之地理优势,东部地区拥有港口、便捷的交通,良好的基础设

施,使得东部地区的对外贸易迅速发展。而中、西部地区,处于我国内陆,经济较不发达,产品结构单一并且不合理,交通运输成本高,使得中、西部地区的进出口份额大大低于东部地区。

(单位:%)

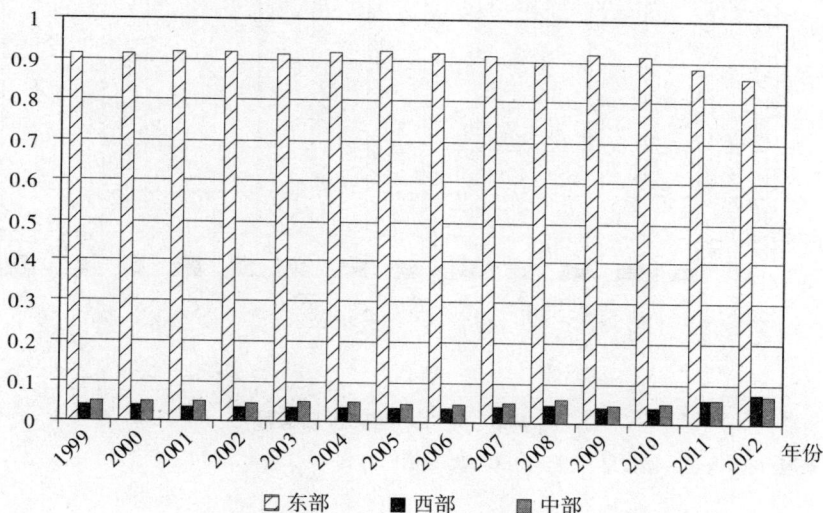

图 4-1　东、中、西部出口份额

数据来源:司尔亚司数据信息有限公司(CEIC)数据库。

从出口增长速度来看,如图 4-3 所示,2000—2008 年,我国东、中、西部地区的出口增长变动较为平缓,但东部地区出口增速总体呈下降趋势。2008 年,由于受到次贷危机的冲击,我国各地区的出口增速大幅下降,2009 年后开始回升,但东部地区的出口增速大大低于中、西部地区。其中 2012 年东部地区的出口增速仅为 5%,而同期中、西部地区的出口增速高达 21.8% 和 37.8%。从进口增长速度来看,如图 4-4 所示,各地区的进口增速波动较大,但在 2000—2012 年间的多数年份里,中、西部的进口增速都超过东部地区。这说明,近年来,随着我国改革开放的深入,我国的中、西部地区对外开放程度逐步提高,中、西部地区正努力缩小同东部地区的差距。

（单位：%）

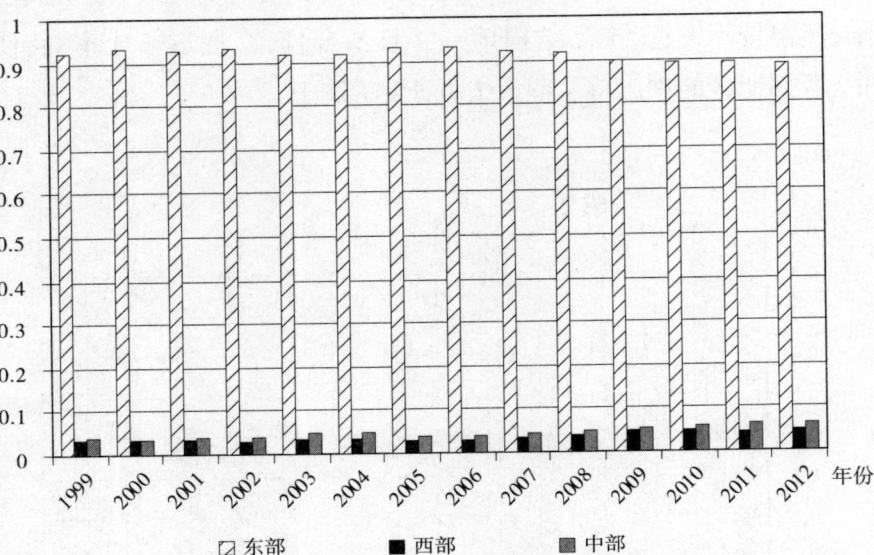

☑ 东部　　■ 西部　　■ 中部

图4-2　东、中、西部进口份额

数据来源：司尔亚司数据信息有限公司（CEIC）数据库。

（单位：%）

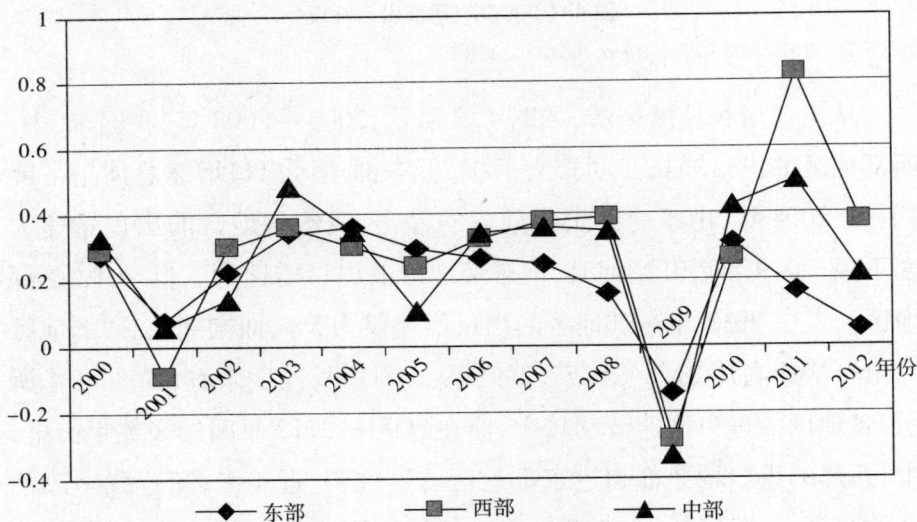

◆ 东部　　■ 西部　　▲ 中部

图4-3　东、中、西部地区出口增速

数据来源：司尔亚司数据信息有限公司（CEIC）数据库。

（单位：%）

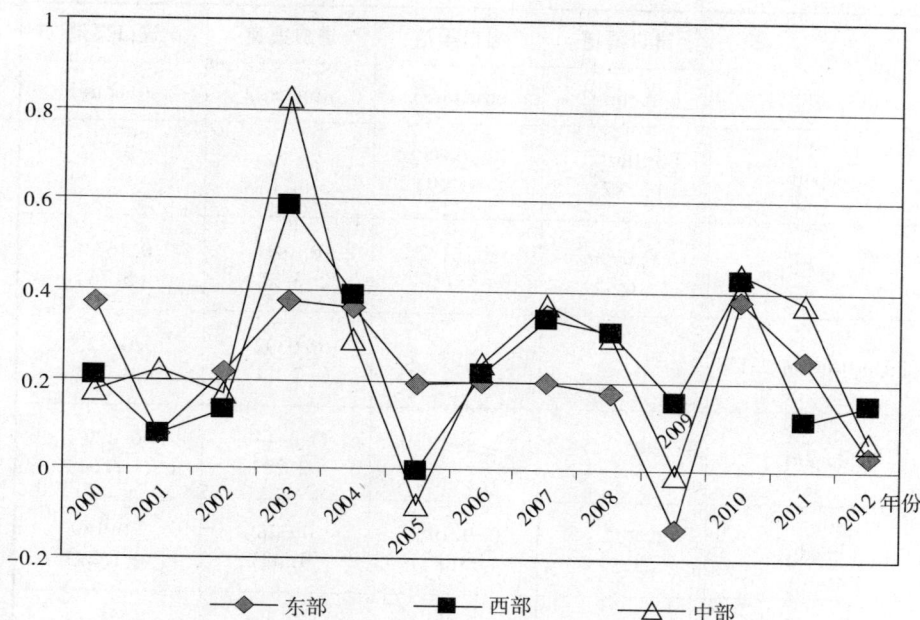

图 4-4　东、中、西部地区进口增速

数据来源:司尔亚司数据信息有限公司(CEIC)数据库。

（二）实证分析

上文中,我们用模型(4-11)和(4-12)分别对我国 31 个省区全样本做了分析,本节我们继续使用模型(4-11)和(4-12)对我国东、中、西部三个子样本进行分析。我们采用面板数据 GLS 方法对模型进行估计,估计结果如下:

1. 东部地区

表 4-4　东部地区进出口贸易渠道回归结果

	出口渠道	出口渠道	进口渠道	进口渠道
	structure2	structure3	structure2	structure3
export×lnreer(-1)	-0.0295*** (-2.81)	0.0148 (1.57)		

续表

	出口渠道	出口渠道	进口渠道	进口渠道
	structure2	structure3	structure2	structure3
export	0.189*** (3.87)	−0.00812 (−0.19)		
lnreer(−1)	−0.0900* (−1.85)	0.151*** (3.71)	−0.191*** (−3.37)	0.165*** (5.76)
import×lnreer(−1)			−0.0392** (−2.49)	0.0432*** (4.32)
import			0.334** (2.20)	−0.229*** (−2.63)
lngdp	0.795*** (3.59)	−0.198 (−1.27)	0.378 (1.22)	−0.169 (−1.29)
lngdpsquare	−0.0425*** (−3.88)	0.0147* (1.89)	−0.0208 (−1.36)	0.0126* (1.94)
lninvest	0.0605*** (13.45)	−0.0517*** (−14.66)	0.0532*** (9.58)	−0.0402*** (−16.34)
_cons	−3.849*** (−3.18)	1.084 (1.29)	−1.251 (−0.75)	0.746 (1.06)
N	143	143	143	143

注:t statistics in parentheses *$p<0.10$, **$p<0.05$, ***$p<0.01$。

从表4-4中我们看到,对于东部地区,人民币汇率升值通过出口渠道对该地区的第二产业产出占GDP的份额产生显著的负面影响。人民币实际有效汇率每升值1%,通过出口渠道,使得第二产业产出占GDP的份额下降0.0295%。但人民币实际有效汇率升值通过出口渠道,对东部地区第三产业产出占GDP份额的影响不显著。这说明,我国的东部地区,由于经济的外向程度高,出口依赖度较大,当人民币实际有效汇率升值时,使得我国东部地区第二产业受到一定程度的负面冲击。人民币汇率升值通过出口渠道对东部地区的第三产业产出占GDP的份额不产生显著效应。

另外,从进口渠道来看,人民币汇率升值通过进口渠道对东部地区的第二产业产出占GDP的份额产生显著的负向效应。人民币实际有效汇率每升值1%,通过进口渠道作用于第二产业产出份额,使其下降0.0392%。与此同时,人民币实际有效汇率升值通过进口渠道,对东部地区第三产业产出份额产生显著的正向影响,人民币实际有效汇率每升值1%,东部地区第三产业产出占GDP比重增加0.165%。这可能是因为我国东部地区基础设施条件较好,经济开发程度也较之西部大,同时聚集了大量的加工贸易企业,这类企业主要是从国外进口原料或者中间产品,深度加工后再出口。人民币汇率升值,使得出口产品的需求减少,会直接影响到我国对进口产品的需求,因此相关来料加工行业产出减少,带动第二产业产出减少。人民币汇率升值通过进口渠道对东部地区第二产业产出产生负向影响,相关的生产要素流出第二产业行业,流入第三产业等其他经济部门,因此人民币汇率升值通过进口渠道有利于东部地区第三产业产出份额的增加。也就是说,人民币汇率升值通过进口渠道有利于东部地区的产业结构升级。

2. 中部地区

表4-5中第(1)列显示,人民币实际有效汇率升值通过出口贸易渠道对中部地区第二产业结构的负面影响比对东部地区的影响要大。首先,人民币实际有效汇率通过出口渠道对第二产业产出份额有显著的负面影响。实际有效汇率每升值1%,通过出口渠道,使得第二产业产出份额减少0.115%。这可能是因为人民币汇率升值,使得部分制造业行业出口减少,进而使得第二产业产出份额减少。

表4-5　中部地区进出口贸易渠道回归结果

	（1）	（2）	（3）	（4）
	出口渠道	出口渠道	进口渠道	进口渠道
	structure2	structure3	structure2	structure3
export×lnreer（−1）	−0.115** （−2.36）	0.0659** （2.54）		
export	0.496** （2.43）	−0.379*** （−3.40）		
lnreer（−1）	0.309*** （3.49）	−0.0914 （−1.55）	0.210** （2.27）	−0.0466 （−0.73）
import×lnreer（−1）			0.768 （1.07）	−1.373*** （−2.78）
import			−5.047 （−1.30）	7.577*** （2.80）
lngdp	1.795*** （4.41）	−0.592** （−2.12）	1.862*** （4.48）	−0.797*** （−2.70）
lngdpsquare	−0.0911*** （−4.22）	0.0314** （2.14）	−0.0928*** （−4.21）	0.0423*** （2.73）
lninvest	−0.0180* （−1.86）	−0.00261 （−0.41）	−0.0250*** （−2.81）	−0.00412 （−0.61）
_cons	−9.461*** （−4.39）	3.616** （2.44）	−9.281*** （−4.39）	4.355*** （2.92）
N	104	104	104	104

注：t statistics in parentheses $^*p<0.10$，$^{**}p<0.05$，$^{***}p<0.01$。

解释变量 export 的系数显著为正，表明出口的增长对第二产业产出份额的增加有显著的正面效应，出口每增加1%，第二产业产出份额增加0.496%。

解释变量 lnreer 的系数显著为正，说明人民币汇率升值对中部地区第二产业产出份额有正面效应，人民币汇率每升值1%，则第二产业产出份额增加0.309%。这与传统理论不符，通常认为人民币汇率升值会抑制出口部门的发展，因而第二产业的产出份额下降。这可能是因为我国中部地区相较于东部地区来说,工业发展水平较低,制造业还有很大的发展空间。近年来,由于土地租金上涨、工人工资上涨使得我国东部地区制造业成本上升较快,人民币汇率的上升,使得东部地区制造业,特别是低端的制造行业的成本进一步上升,利润空间受到进一步挤压。因此,部分行业开始向我国广大的中西部地区转移。相较于东部地区,中部地区土地、劳动力等的成本较低;而相较于西部地区,中部地区的经济较发达,产业结构也相对较合理,工业基础较好,基础设施条件更好,劳动力的受教育程度较高。中部地区较西部地区有更大的优势承接东部地区转移出来的产业。因此,当人民币汇率升值时,第二产业中的部分资源从东部流入中部,使得中部地区第二产业的产出增加。

表4-5中第(2)列显示,人民币汇率升值,通过出口渠道作用于第三产业,使得第三产业产出占 GDP 的份额上升,并且出口额占地区 GDP 份额越大的省份,这样的效应就越明显。人民币汇率每升值 1%,通过出口渠道的作用,第三产业的产出份额增加 0.0659%。

从进口渠道来看,表4-5中第(3)列显示,人民币实际有效汇率通过进口渠道作用于中部地区第二产业产出份额的效应并不显著。此外,实际有效汇率的系数显著为正,人民币汇率每升值 1%,第二产业产出份额上升 0.210%。

表4-5第(4)列的结果显示,人民币实际有效汇率通过进口渠道对第三产业的产出份额有显著的负面效应,汇率每升值 1%,第三产业产出份额下降 1.373%。同时,解释变量 import 的系数为正,表示进口增加对第三产业产出份额有正向促进作用,汇率每升值 1%,第三产业产出份额增加 7.577%。

这充分反映了我国当前地区之间的产业结构调整和转移的趋势。根据日本学者赤松要(Akamatsu,1962)提出、由小岛清(Kojima,2000)等人完善的雁行模式理论体系,随着一个地区或者国家人均收入水平的提高,资源禀赋结构发生一定程度的改变,也即动态比较优势发生了变化,因而推动这个地区或者国家在产业结构上产生相应的变化,如从劳动密集型产业为主逐步转变为资本、技术密集型产业为主,以及地区或者国家内部不同地域之间的产业转移和承接。产业转移与产业结构调整之间存在着互动关系。一方面,产业结构升级促进了要素禀赋的动态变化,推动了产业转移到其他国家和地区。另一方面,产业转移实现了资源的优化配置,有利于促进产业转出地区和转入地区的产业结构优化、调整和升级。

在很长的时间里,我国经济的高速增长,在很大程度上是由我国的东部地区推动的。我国东部地区原本有良好的工业基础、良好的基础设施、便利的交通运输条件以及中西部大量迁移的劳动力,因而东部地区有发展外向型经济的便利条件。东部地区根据其当时的资源要素禀赋,积极发展最具比较优势的劳动密集型产业,积极参与国际市场竞争,并在国际市场上取得了一定竞争优势。但随着我国经济的发展,东部地区曾经有的一些比较优势,如劳动力成本方面的比较优势已经开始丧失。根据蔡昉等(2009)的研究,我们通常认为相对落后的地区,如中部地区,其生产率水平并不低,但其劳动报酬水平却低于东部地区,因而中部地区在劳动力成本方面具有较强的比较优势,这使得中部地区具有了承接和发展由东部地区转移出来的劳动密集型产业的可能性。因此,当人民币升值时,使得东部地区本已日渐丧失比较优势的劳动密集型行业受到更大的冲击,迫使部分企业转移到我国具有劳动力比较优势的中部地区,因而中部地区的第二产业产出份额增加。

3. 西部地区

从表4-6我们看到,对于出口渠道,交叉项 export×lnreer(-1)的系数都不显著,也就是说,人民币汇率升值通过出口渠道对西部地区第二产业和第三产业份额并没有显著的影响。类似地,对于进口渠道,交叉项 import×lnreer(-1)的系数也都不显著,也即人民币汇率升值通过进口渠道对西部地区第二产业和第三产业份额也没有显著的影响。我国西部地区幅员辽阔,资源丰富。但西部地区地处我国内陆,长期以来较封闭,经济发展水平和开放度也大大低于我国中、东部地区。加之我国西部地区制造业水平相对较低,出口产品结构和品种都较为单一,通常为农副产品和资源矿产类产品等初级产品而不是工业制成品。由于制造业不发达,同时居民的消费水平较低,对国外的生产设备和消费品的需求也不旺盛,因此,人民币实际有效汇率升值通过进出口贸易渠道对第二产业和第三产业的产出占 GDP 的份额并没有显著的影响。

表 4-6 西部地区进出口贸易渠道回归结果

	出口渠道	出口渠道	进口渠道	进口渠道
	structure2	structure3	structure2	structure3
export×lnreer(−1)	−0.0222 (−1.59)	0.0255 (1.10)		
export	0.104 (1.63)	−0.172* (−1.72)		
lnreer(−1)	−0.100** (−2.22)	0.0364 (0.90)	−0.0720 (−1.05)	0.0689 (1.12)
import×lnreer(−1)			−0.391 (−0.63)	−0.330 (−0.56)
import			2.187 (0.65)	1.444 (0.46)
lngdp	−0.347*** (−3.89)	0.0574 (0.57)	−0.375*** (−3.83)	0.0743 (0.77)
lngdpsquare	0.0210*** (4.38)	−0.00383 (−0.71)	0.0225*** (4.31)	−0.00454 (−0.87)
lninvest	0.0100** (2.33)	−0.00594* (−1.83)	0.00851** (2.00)	−0.00445 (−1.34)
_cons	2.164*** (4.20)	0.106 (0.19)	2.168*** (3.63)	−0.161 (−0.27)
N	155	155	155	155

注:t statistics in parentheses * p<0.10, **p<0.05, ***p<0.01。

通过本节的实证研究,我们大致得出了这样的结论:当人民币实际有效汇率升值时,通过出口贸易渠道,使得我国东部地区第二产业受到一定程度的负面冲击,对东部地区的第三产业产出占 GDP 的份额不产生显著效应。人民币实际有效汇率升值通过进口渠道对东部地区的第二产业产出占 GDP 的份额产生显著的负向影响,对东部地区第三产业产出占 GDP 比重产生显著的正向影响。人民币实际有效汇率升值通过进出口贸易渠道对中部地区第二产业结构的负面影响比对东部地区的影响要大。首先,从出口渠道来看,人民币实际有效汇率通过出口渠道对中部地区第二产业产出占 GDP 的比重有显著的负向影响。人民币实际有效汇率每升值1%,通过出口渠道,使得中部地区第二产业产出占 GDP 比重减少 0.115%,并且出口额占地区 GDP 的比重越大的中部省份,这种负向作用越大。从进口渠道来看,人民币实际有效汇率通过进口渠道作用于中部地区第二产业产出占 GDP 的比重的效应并不显著。这充分反映了我国当前地区之间的产业结构调整和转移的趋势。当人民币实际有效汇率升值,通过出口和进口渠道,对西部地区第二产业产出占 GDP 的份额以及第三产业产出占 GDP 的份额并不产生显著的效应。

第三节　人民币汇率升值对第二产业内部结构效应的进出口贸易机制

上一节中,我们利用省际面板数据分析了汇率升值对我国第二、三产业结构变动以及对我国东、中、西部地区第二、三产业的相对结构变动进行了分析。然而,产业结构变动、调整和升级,不仅仅体现在第二、三产业相对结构的变动,在产业内部,如第二产业中资源、技术密集型行业相对于劳动力密集型行业的比重的上升,也反映了产业结构的调整和升级。本节中,我们将深入第二产业内部,分析人民币汇率升值通过进出口贸易渠道对不同行业的影响，以及可能产生的结构调整。

一、出口贸易机制

为了考察人民币实际有效汇率升值通过出口贸易渠道对第二产业内部产业结构的影响，我们建立如下计量模型：

$$structure_{i,t} = \alpha_0 + \alpha_1\, export_{i,t} * \text{lnreer}_t + \alpha_2\, export_{i,t} + \alpha_3\, \text{lnreer}_t +$$
$$\alpha_4\, fixasset_{i,t} + \alpha_5\, invest_{i,t} + \alpha_6\, rd_{i,t} + \alpha_7\, fdi_{i,t} + \alpha_8\, labor_{i,t} + \alpha_9\, growth_{i,t} + \mu_{i,t}$$

$$(4-13)$$

上式中，i 代表制造业中各行业，t 代表年份。$structure_{i,t}$ 为制造业中各个行业的营业收入占总营业收入的比重，是被解释变量；主要解释变量包括：$export_{i,t} \times \text{lnreer}_t$，$export_{i,t}$ 与 lnreer_t 的交叉项，代表汇率升值影响制造业内部结构的出口渠道；$export_{i,t}$ 为各行业的出口交货值占工业销售值的比重，反映行业的出口强度；lnreer_t 为实际有效汇率指数；控制变量包括：$fixasset_{i,t}$，为各行业固定资产净值占总的工业企业固定资产净值的比重；$invest_{i,t}$ 为各行业固定资产投资占第二产业总的固定资产投资的比重；$rd_{i,t}$ 为各行业研发经费支出占主营业务收入的比重；$fdi_{i,t}$ 为制造业全行业实际利用外资金额占 GDP 的比重，表示外商直接投资的强度；$labor_{i,t}$ 为各制造业行业就业人数的变动率，反映行业的劳动力投入的变化；$growth_{i,t}$ 为各制造业行业营业收入的增长率，反映行业的增长速度。

除了研发经费支出为 2006—2012 年的年度数据外，其余各变量的数据都为 2003—2012 年的年度数据。数据来源为司尔亚司数据信息有限公司（CEIC）数据库、《中国统计年鉴》、中国国家统计局网站。

类似地，我们采用本书第二章中根据行业的资源密集度情况的分类标准，将制造业分为：劳动密集、资本密集和技术密集三大类，利用面板数据的固定或随机效应模型，对三组样本进行计量分析，计量结果如下：

表 4-7　第二产业内部结构变动回归结果(出口渠道)

	劳动密集	资本密集	技术密集
	structure	structure	structure
export×lnreer	−0. 0192 (−0. 63)	0. 345 ** (2. 09)	−0. 238 *** (−8. 89)
lnreer	0. 0324 *** (6. 83)	−0. 00458 (−0. 57)	0. 0478 *** (5. 24)
export	0. 115 (0. 86)	−1. 618 ** (−2. 13)	1. 075 *** (8. 67)
fixasset	0. 101 ** (2. 13)	0. 0839 ** (2. 13)	−0. 0193 (−0. 14)
invest	0. 277 *** (5. 18)	0. 198 *** (3. 25)	0. 194 ** (2. 28)
rd	−0. 939 ** (−2. 55)	−0. 401 (−0. 93)	−1. 187 *** (−8. 43)
fdi	−0. 0322 (−1. 62)	−0. 0401 (−1. 39)	−0. 0143 (−0. 41)
labor	−0. 000560 (−0. 15)	−0. 00547 (−1. 12)	−0. 000103 (−0. 36)
growth	0. 00342 * (1. 90)	0. 00891 *** (3. 32)	0. 00462 (0. 91)
_cons	−0. 136 *** (−6. 19)	0. 0563 (1. 45)	−0. 168 *** (−3. 96)
固定/随机效应	FE	FE	FE
Hausman Test	0. 0093	0. 0014	0. 0000
N	105	63	56

注:t statistics in parentheses $^*p<0. 10$, $^{**}p<0. 05$, $^{***}p<0. 01$。

　　从表 4-7 的回归结果我们看到:人民币汇率升值通过出口渠道对制造业中各行业的产出占比有不同的影响。其中,人民币汇率升值通过出口渠道对劳动密集型行业的产出占比的影响并不显著,对资本密集型行业的产出占比有显著的正面效应,而对技术密集型行业的产出占比有显著的负面效应。也就是说,人民币汇率升值通过出口渠道,对劳动密集型的产出占比影响不大,对资本密集型行业有促进作用,但不利于技术密集型行业。这可能是因为,我国的劳动密集型行业具有传统的比较优势,国际竞争力较强,因此,当人民币汇率升值时,厂商有能力压缩生产成本,调整出口产品价格,也即:劳动密集型行业有较强的依市定价的能力,因此人民币汇率升值通过出口渠道对劳动密集型行业的影响不大。相对而言,技术密集型的行业中有大量行业是以加工贸易为主要的贸易形式,市场的议价能力很低,另外技术水平并未达到国际先进水平,国际市场对产品的需求价格弹性较大,因此,厂商的依市定价能力不高。人民币汇率升值通过出口渠道对其产生显著的负面影响。对于资本密集型行业来说,人民币升值,能有效降低其进口国外设备的成本。生产成本的降低,能够促进产出的增加、出口的增加,因此人民币汇率升值通过出口渠道对资本密集型行业产出的增长有显著的促进作用,资本密集型行业的产出占比也增加。

综上所述,人民币汇率升值通过出口贸易渠道对不同生产要素密集度的行业产出占比有不同的效应:资本密集型行业的产出占比增加,技术密集型行业产出占比减少,劳动密集型行业不受影响。资本密集型行业产出占比的增加,表明人民币汇率升值通过出口渠道对制造业内部结构的调整有一定积极作用。

二、进口贸易机制

进口商品的统计没有分行业的数据,只有具体的商品的海关分类统计,因此,本书根据海关 HS 商品编码和中国国家统计局公布的《国民经济行业分类(GB/T 4754—2002)》与《国际标准产业分类(ISIC/Rev.3)》对照表,根据进口商品的品类将进口商品进行行业分类,得到2003—2012 年间 22 个行业的进口数据。我们建立如下模型:

$$structure_{i,t} = \alpha_0 + \alpha_1\, import_{i,t} \times \ln reer_{t-1} + \alpha_2\, import_{i,t-1} +$$

$$\alpha_3 \ln reer_{i,t-1} + \alpha_4 fixasset_{i,t} + \alpha_5 invest_{i,t} + \alpha_6 growth_{i,t} + \mu_{i,t} \qquad (4-14)$$

其中,i 代表第二产业内部各行业,t 代表年份。我们粗略地以企业的主营业务收入作为企业产出的代理变量,用第二产业中各行业的营业收入占全部第二产业企业主营业务收入的份额作为被解释变量 $structure_{i,t}$。解释变量包括:$import_{i,t} \times \text{ln}reer_{t-1}$ 为进口渗透度和滞后一期的实际有效汇率的交叉项,这里选取滞后一期的实际有效汇率放入交叉项,是为了避免进口和汇率之间的相关关系;$import_{i,t-1}$ 为滞后一期的进口渗透度,用进口额除以 GDP 计算得到;$\text{ln}reer_{t-1}$ 为滞后一期的实际有效汇率指数,并取对数;控制变量包括:固定资产净值份额 $fixasset_{i,t}$,用各行业的固定资产净值除以全部工业企业的固定资产净值计算得到;滞后一期的固定资产投资 $invest_{i,t-1}$,用各行业的固定资产投资额除以全部工业企业的固定资产投资额计算得到;$growth_{i,t}$ 是各行业营业收入的增长率,表示行业的增长潜力。$\mu_{i,t}$ 为误差项。本书采用静态面板数据 GMM 方法对模型进行估计。我们将 lnreer 的一阶和二阶滞后项以及 import×lnreer(−1) 的一阶滞后项设为工具变量。回归结果如下:

表 4-8 第二产业内部结构变动回归结果(进口渠道)

	(1)	(2)	(3)
	劳动密集型	资本密集型	技术密集型
	structure	structure	structure
import×lnreer(−1)	−0.00773 * (−1.80)	−0.0134 (−0.43)	−0.0955 *** (−2.83)
import	0.0334 * (1.85)	0.0150 (0.11)	0.422 *** (2.80)
lnreer(−1)	0.00229 (0.73)	−0.00486 (−0.95)	0.0535 *** (4.37)
fixasset	0.144 (1.32)	0.0909 *** (2.62)	0.663 *** (2.75)

续表

	(1)	(2)	(3)
	劳动密集型	资本密集型	技术密集型
	structure	structure	structure
invest	0.419 *** (6.04)	0.174 *** (4.83)	-0.261 *** (-2.74)
growth	0.00152 *** (4.84)	0.00876 *** (3.32)	0.0246 *** (4.08)
Hansen test	0.4137	0.5991	0.7259
工具变量:lnreer 的一阶和二阶滞后项,import×lnreer(-1)的一阶滞后项			
N	80	56	40

从表4-8中第(1)列和第(2)列我们看到,人民币汇率升值通过进口渠道对劳动密集型行业的产出产生较小程度的负面影响,对资本密集型行业的产出没有显著的效应。

从表4-8中第(3)列我们看到,人民币汇率升值通过进口渠道对技术密集型行业产生显著的负面效应。汇率每升值1%,通过进口渠道使得技术密集型行业的产出下降0.096%。人民币汇率升值通过进口渠道对资本密集型行业没有显著的影响。人民币汇率升值通过进口渠道对劳动密集型行业产生较小的负面效应。汇率每升值1%,通过进口渠道使得技术密集型行业的产出下降0.0077%。这可能是因为当人民币汇率升值时,进口那些我国相对不具备比较优势的高技术产品的成本下降了,一方面,高技术产品的引进能够提高生产效率,促进产出的增加,但另一方面,进口成本降低,使得国外的高技术产品涌入我国国内市场,使得我国本土的部分技术密集型企业受到负面冲击,产出减少。

因此人民币汇率升值通过进口渠道不利于我国第二产业内部结构的优化,也不利于我国部分技术密集型行业的发展。

第四节　人民币汇率升值对产业结构
效应的进出口贸易机制

本章中,我们研究了人民币汇率升值通过出口和进口贸易渠道对我国产业结构的调整和产业转移效应。我们的主要结论有:

(1)从全国层面看,人民币汇率升值通过出口渠道对第二产业产出份额有负面作用,却对第三产业产出份额有正面作用。因此,人民币汇率升值通过出口渠道促进了我国第二、三产业之间的结构调整。人民币汇率升值,通过进口渠道对第二产业产出比重有负向影响,并且如果进口占 GDP 的比重越大,第二产业产出比重受到的负面影响就越大,对第三产业产出的比重有显著的正向影响。因此,人民币汇率升值通过进口渠道有助于我国产业结构的调整和升级。

(2)从地区层面看,对于东部地区,人民币汇率升值通过出口渠道对该地区的第二产业产出占 GDP 的份额产生显著的负面影响。人民币实际有效汇率每升值 1%,通过出口渠道,使得第二产业产出占 GDP 的份额下降 0.0295%。但人民币实际有效汇率升值通过出口渠道,对东部地区第三产业产出占 GDP 份额的影响不显著。从进口渠道来看,人民币汇率升值通过进口渠道对东部地区的第二产业产出占 GDP 的份额产生显著的负向影响。人民币实际有效汇率每升值 1%,通过进口渠道作用于第二产业产出份额,使其下降 0.0392%。与此同时,人民币实际有效汇率升值通过进口渠道,对东部地区第三产业产出份额产生显著的正向影响,人民币实际有效汇率每升值 1%,东部地区第三产业产出占 GDP 的比重增加 0.165%。人民币汇率升值通过进出口渠道有利于东部地区的产业结构升级。

对于中部地区,人民币实际有效汇率通过出口渠道对第二产业产出份额有显著的负面影响。人民币实际有效汇率每升值 1%,通过出口渠道，使得中部地区第二产业产出份额减少0.115%，人民币汇率升值，通过出口渠道作用于第三产业，使得中部地区第三产业产出占GDP的份额上升。人民币实际有效汇率每升值1%，通过出口渠道的作用，中部地区第三产业的产出份额增加0.0659%。因此，人民币汇率升值通过出口渠道，有利于中部地区产业结构调整和升级。从进口渠道看，人民币实际有效汇率通过进口渠道作用于中部地区第二产业产出占GDP份额的效应并不显著，对中部地区第三产业的产出份额有显著的负面效应。我们还发现，人民币实际有效汇率升值对中部地区第二产业产出份额有正向效应，汇率每升值1%，中部地区第二产业产出份额则增加0.309%。因此，当人民币实际有效汇率升值时，使得东部地区本已日渐丧失比较优势的劳动密集型行业受到更大的冲击，迫使部分企业转移到我国具有劳动力比较优势的中部地区，中部地区的第二产业产出份额增加。这充分反映了我国部分劳动密集型行业从东部向中部转移的趋势，我国的产业梯级结构正在形成。

对于西部地区，人民币实际有效汇率升值通过出口和进口渠道对西部地区第二产业和第三产业份额并没有显著的影响。

（3）从第二产业/制造业内部结构来看，人民币实际有效汇率升值通过出口贸易渠道对不同生产要素密集度行业的产出占比有不同的效应：对劳动密集型行业的产出产生较小程度的负面影响，对资本密集型行业的产出没有显著的效应，对技术密集型行业产生显著的负面效应。这说明人民币实际有效汇率升值通过进口渠道对第二产业内部结构有负面影响，不利于我国第二产业内部的结构调整和升级，也不利于我国部分技术密集型行业的发展。

第五章　人民币汇率升值的产业结构及其区域转移效应：外商直接投资机制

外商直接投资的流入,必然会影响到一个国家的产业结构。通常认为:外商直接投资可以弥补东道国的投资和储蓄缺口。然而,像我国这样一个有高储蓄率的国家,外商直接投资在我国改革开放初期的弥补投资和储蓄缺口的作用已经日益淡化。对于我国来说,外商直接投资更重要的作用在于:通过吸引外商直接投资,可以推动我国的技术进步。外商通过在我国建立外商独资或中外合资企业的形式来实现对我国的直接投资。这些外商投资企业,可以从国外引进先进的生产线或者生产技术,同时在生产的过程中培训员工,使得我国国内的员工通过"干中学"掌握了先进的技术、管理方法或者理念。

另一方面,外商直接投资的引进还会影响到其所投资的行业的产出和劳动生产率,并通过产业之间的相互关联,影响到其上下游行业的产出和劳动生产率,还能影响到外资企业所在地的其他产业的产出和劳动生产率。外商直接投资还能带来竞争效应。外商投资的企业通常能比国内同类企业能够更高效地使用现有的资源,实现资源的最优配置,因而比国内同类企业有更高的生产效率或者更低的成本。外商直接投资的引进,能够迫使国内企业也采取更有效率的生产方式和管理方法,提高效率并降低成本,推动国内相关产业的发展。外商直接投资还能带来培训效应。外商投资企业能够培养大批掌握先进生产技能或者管理知识的人员,从而提高企业的人力资本积累水平。当这部分技

术人员或者管理者流动到其他企业时，能够产生技术或者管理的外溢效应，带动更多的企业提高生产和管理效率。

然而，外商直接投资在我国的分布不同，其产生的技术进步的"溢出效应"对我国不同地区都产生不同的作用。我国地域辽阔，省份众多，并且各个省份的经济发展水平各不相同，对技术的吸收能力也各不相同，使得外商直接投资的"溢出效应"对我国各省份的作用各不相同。另外，我国各省份的产业结构和产业布局也不相同，使得外商直接投资对我国各地区的产业结构产生不同的影响。当汇率升值时，不同类型的外商直接投资由于其投资的目的不同，其数量可能会发生各自不同的变化，因此汇率升值会通过外商直接投资渠道作用于我国不同地区的产业结构。

外商直接投资的流入，首先还会影响到那些国际化程度相对较高的行业。这些行业的生产、销售和其他的日常经营活动已经初步具备国际化的基本特征，不局限于本国而是面向全球。外向程度不同的各行业、资源密集度不同的行业，受到的外商直接投资的影响也各不相同。当汇率升值时，外商直接投资的数量和行业分布可能有相应的改变，最终使得各产业内部各不同资源密集的行业的产出发生变化，并使得产业内部结构发生变化。

根据外商直接投资的"相对生产成本"理论（科尔哈根（Kohlhagen，1977，库斯曼（Cushman，1988）），东道国的货币贬值实际上增加了外国投资者的相对财富，刺激了外国投资者获取更多的东道国国内的资产。反之，东道国的货币升值降低了投资者的相对财富，使得外国投资者的生产成本上升，抑制了外商直接投资。汇率升值使得外商直接投资密集的制造业的总体成本上升。这其中，制造和出口劳动密集型产品的企业原本利润空间较小，使得这类型的外商投资企业对汇兑成本较为敏感。汇率升值使得劳动密集型行业的利润空间受到进一步挤压，该部门吸引的外商投资减少。也就是说，汇率升值的成本效应，对于那些劳动密集型的、以资源为导向型的外商投资企业的负面影响较大。

另外,由于人民币汇率升值,外商投资成本的上升,迫使外商投资投向第二和第三产业中收益更高、附加值更高的行业。伴随着本币的升值,第三产业非贸易品部门的相对价格上升。此外,我国的第三产业中很多行业是新兴行业,市场较为广阔,利润空间较大,边际收益率较高,投资于第三产业部门可能有更大的收益,因此外商投资会更多地流向生产非贸易品的第三产业部门。外商直接投资流入的行业的结构改变,影响了相关行业的产出,并最终引起相关产业部门结构的变化。

本章中,我们分别使用省际面板和行业面板数据,分析在人民币汇率升值时,我国地区之间产业结构和行业内部的产业结构变动的趋势,并试图探索人民币汇率升值通过外商直接投资渠道对我国产业结构调整和升级的效应。

第一节　我国利用外商直接投资的概况

1979 年,我国开始推行吸引外商投资的政策。在改革开放的初期,我国吸引的外商直接投资数量很少。这主要是因为当时我国的经济发展水平较落后,生产的技术水平低,国内市场的需求和消费能力非常有限,基础设施建设落后。因此,从图 5-1 中我们看到,从改革开放初期直到 1992 年我国吸引的外商直接投资数量很少并且增长速度缓慢。1992 年后,我国引进的外商直接投资开始快速增加;2008 年受到金融危机的影响,我国吸引的外商直接投资开始下降,在 2009 年,外商直接投资又开始回升。这是因为伴随着我国经济的快速发展,国内基础设施、投资环境等有了改善。另外,我国已经经过长期的积累,培养了大批优秀的、有熟练生产和管理技能的人才,吸引了大量外商来我国投资建厂并将产品出口到国外市场。同时,我国国内市场的需求也伴随着经济的成长而迅速增加,吸引大量的跨国企业到我国建立独资或者合资企业。这类企业主要是以市场为导向的,生产的产品也主要在中国国内市场销售。目前,中国已经成为发展中国家中吸引外商直接投资最多的国家。从全球范围看,中国也成为仅次于美国的全球第二大吸收外商直接投资的经济体。

(单位:十亿美元)

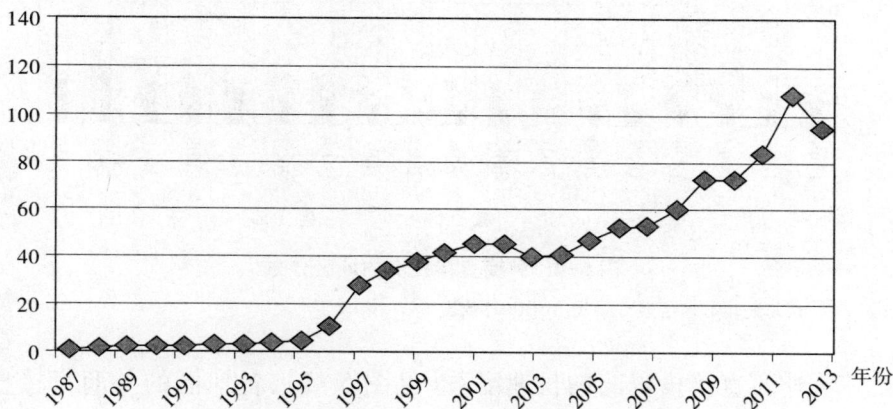

图 5-1　1983—2013 年实际利用外商直接投资额
数据来源:司尔亚司数据信息有限公司(CEIC)数据库。

从外商直接投资的地域分布来看(见图 5-2),大部分外商直接投资流向了我国的东部地区。在 2006 年以前每年有超过 80% 的外商直接投资流向我国东部地区。因为东部地区是我国经济最发达的地区,开放时间最早,经济外向程度最高,并且基础设施条件最好,产业配套设施齐备。而我国的中西部地区吸引的外商直接投资很少,中部地区的比重在 10% 左右,而西部地区则只有 5% 左右。但 2006 年后,东部地区吸引的外商直接投资比例缓慢下降,基本维持在 70% 左右;相应地,中西部吸收的外商直接投资比重有所上升,中部地区的比重为10%—20%,西部地区的比重为 5%—10%。

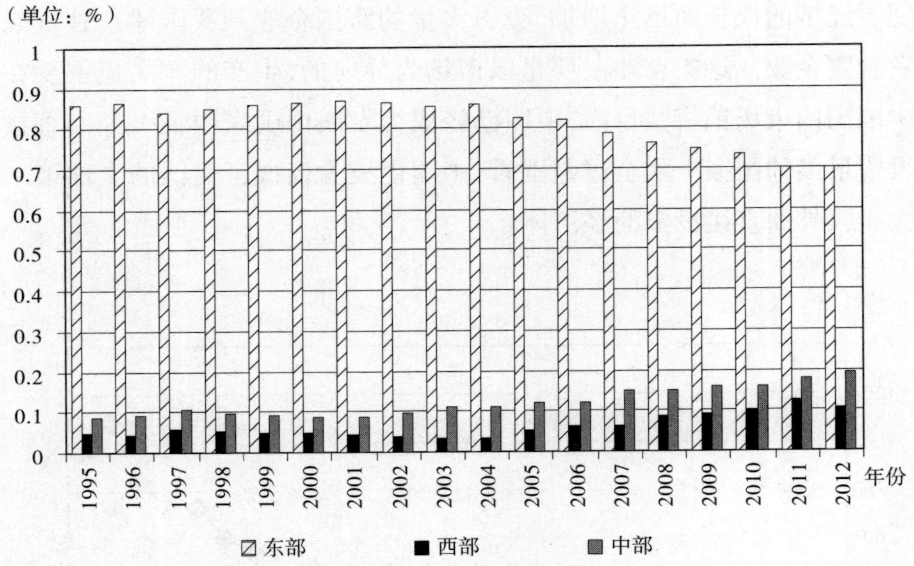

（单位：%）

图 5-2　外商直接投资的地区分布

数据来源：司尔亚司数据信息有限公司（CEIC）数据库。

　　从外商直接投资的增长速度看（见图 5-3），各地区的外商直接投资也表现出较大的差异。1996—1998 年间，中西部的外商直接投资增长较快，增幅超过了东部地区；2000—2004 年，中部地区的外商直接投资增长较快，增长速度超过东部地区，但西部地区的外商直接投资增长速度仍落后于东部地区；2005—2011 年，中西部地区的外商直接投资增长速度大大超过了东部地区，其中西部地区的外商直接投资增速最大。这反映了我国中、西部地区吸引的外商投资尽管相对于东部来说数量较少，但近年来增长速度较快，有助于中西部地区的经济发展并缩小同东部地区的差距。

　　图 5-4 描绘了 2004—2013 年间，我国制造业和服务业吸收外商直接投资的产业分布。2010 年以前，外商直接投资中投向制造业的数量一直领先于投向服务业的数量，但从 2010 年以后，投向服务业的外商直接投资开始超过投向制造业的外商投资。并且，投向制造业的外

（单位：%）

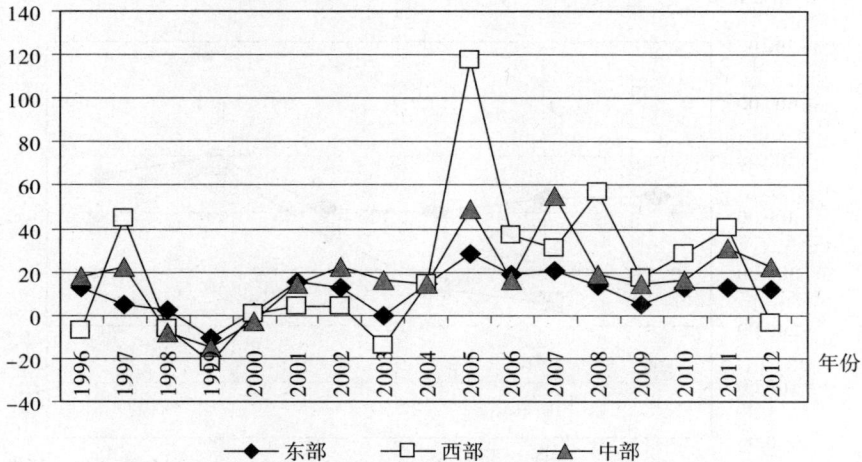

图5-3　东、中、西部外商直接投资增长速度

数据来源：司尔亚司数据信息有限公司（CEIC）数据库。

商直接投资曲线较为平缓，在2004—2013年间，投向制造业的外商直接投资金额大约在400亿—500亿美元之间；而同一时期，投向服务业的外商直接投资金额增长较快，从2004年的约100亿美元，上升到2013年的590亿美元。这反映了我国吸收的外商直接投资所投向的产业结构正在调整。长期以来，由于重视工业的发展，我国的政策导向是吸引更多的外商直接投资投向工业企业；但随着我国经济的发展，人民生活水平及消费水平的提高，服务业有了更广阔的发展空间，这吸引了更多外商直接投资流向第三产业服务业部门。

从外商直接投资在各产业内部的分布来看，虽然由于数据条件所限，我们没有制造业内全部细分行业的外商直接投资数据。但从仅有的几个外商直接投资的行业数据来看，外商直接投资的行业分布发生了变化。如表5-1所示，在2005年以前，外商直接投资比较集中于劳动密集型行业，如纺织业的外商直接投资比重在2005年占到了制造业全部外商直接投资的11.6%。资本密集型和技术密集型行业，如通用

（单位：十亿美元）

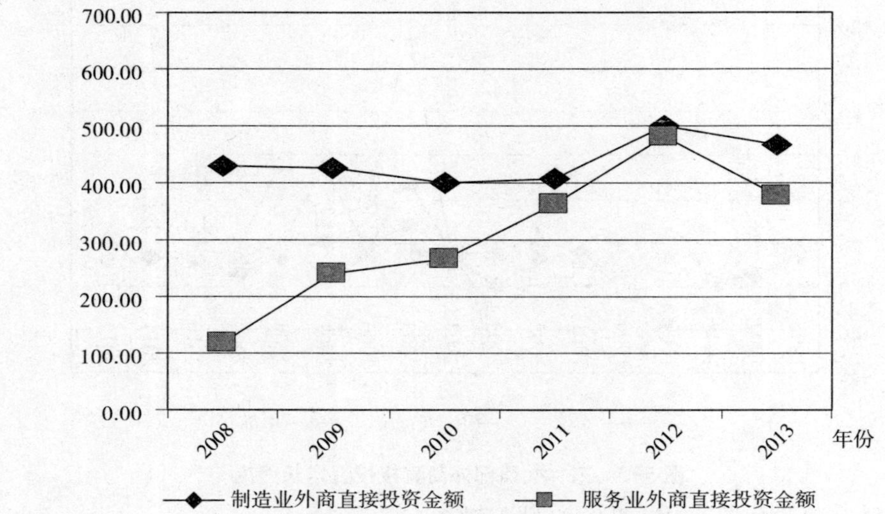

图 5-4　外商直接投资的产业分布

数据来源：司尔亚司数据信息有限公司（CEIC）数据库。

设备制造业、专用设备制造业等的外商直接投资占制造业外商直接投资的比重基本呈缓慢增长的趋势。在 2005 年以后，纺织业利用的外商直接投资份额逐步下降，到了 2013 年仅占 2.7%；资本密集型行业，如化学原料及化学制品制造业利用的外资比重在缓慢增加；技术密集型行业，如医药制造业、通用设备制造业和专用设备制造业利用的外资比重逐步增加，但通信设备、计算机及其他电子设备制造业利用外资的比重在减少。

表 5-1　外商直接投资在制造业内的行业分布　　　　　　（单位:%）

年份	纺织业	化学原料及化学制品制造业	医药制造业	通用设备制造业	专用设备制造业	通信设备、计算机及其他电子设备制造业
1997	6.61	5.13	2.69	6.31		9.45
1998	5.97	7.68	1.43	3.73		9.51

续表

年份	纺织业	化学原料及化学制品制造业	医药制造业	通用设备制造业	专用设备制造业	通信设备、计算机及其他电子设备制造业
1999	6.06	8.49	3.03	4.32		13.92
2000	5.29	6.95	2.03	4.04	2.04	17.78
2001	6.20	7.12	2.01	4.29	2.51	22.95
2002	6.19	6.66	1.86	3.50	2.79	22.11
2003	5.94	7.04	2.08	4.23	3.32	17.18
2004	5.47	6.17	1.57	5.05	4.41	16.41
2005	11.60	6.62	1.29	4.79	4.57	18.16
2006	5.22	6.59	1.29	4.87	4.68	20.37
2007	4.51	7.06	1.47	5.27	5.66	18.81
2008	3.65	8.26	1.32	7.03	5.64	16.94
2009	2.98	8.53	2.02	6.39	5.51	15.34
2010	3.23	6.93	2.07	6.97	6.31	17.00
2011	2.95	7.17	2.26	6.14	7.31	14.03
2012	2.60	7.99	1.93	8.63	7.09	13.48
2013	2.70	8.63	2.27	7.76	7.66	14.06

数据来源:原始数据来自司尔亚司数据信息有限公司(CEIC)数据库。本表经作者计算所得。

如表5-2所示,从服务业内部来看,外商直接投资的行业结构也在发生变化。其中,批发和零售业的外商直接投资持续增加。2004年投资于批发和零售业的外商直接投资仅占全部外商直接投资的6.23%,但到2013年投资于该行业的外商直接投资占比已经达到了19.47%。这也反映了我国服务业逐渐取消限制并逐步向外资开放。住宿和餐饮业的外商投资比例则持续下降,2004年,投资于住宿和餐饮业的外商直接投资占比为 7.09%,但到了 2013 年,投资于该行业的外商直接投资占比仅为 1.31%。投资于金融业的外商直接投资在 2004 年占比仅为 2.13%,但 2005 年迅速上升到 50.90%,随后基本呈下降趋势,到 2013 年,金融业的外商直接投资占比仅为 3.94%。房地产业的外商直接投资波动较大,在 2004 年占到全部服务业外商直接投资的 50.15%,在 2005 年又大幅下降至 22.42%,2006 年又升至 30.99%,截至 2013 年,房地产业的外商直接投资占比已经达到 48.71%。投资于租赁和商务服务行业的外商直接投资呈缓慢下降趋势,但科研、技术服务等的外商直接投资呈现增加趋势。投资于公共设施服务业和居民服务业的外商直接投资一直维持较低比例。

表 5-2　外商直接投资在服务业内的行业分布　（单位:%)

年份	批发和零售业	住宿和餐饮业	金融业	房地产业	租赁和商务服务业	科学研究、技术服务和地质勘查业	水利、环境和公共设施管理业	居民服务和其他服务业
2004	6.23	7.09	2.13	50.15	23.81	2.48	1.93	1.33
2005	4.30	2.32	50.90	22.42	15.50	1.41	0.58	1.08
2006	6.74	3.12	37.61	30.99	15.90	1.90	0.74	1.90
2007	7.38	2.87	24.86	47.15	11.09	2.53	0.75	1.99
2008	9.19	1.95	34.18	38.54	10.49	3.12	0.71	1.18
2009	14.26	2.23	11.88	44.45	16.09	4.43	1.47	4.20
2010	12.16	1.72	18.66	44.23	13.15	3.63	1.68	3.79
2011	13.96	1.40	16.38	44.55	13.89	4.07	1.43	3.12
2012	15.84	1.17	19.22	40.40	13.75	5.18	1.42	1.95
2013	19.47	1.31	3.94	48.71	17.53	4.65	1.75	1.11

数据来源:原始数据来自 CEIC 数据库,本表经作者计算所得。

第二节 外商直接投资机制的实证分析

一、人民币汇率升值对产业间结构效应的外商直接投资机制:全国层面

(一)模型和数据

为了考察人民币升值通过外商直接投资渠道对我国第二产业和第三产业之间结构调整的效应,我们用省际面板数据建立如下模型:

$$structure_{i,t}^{\theta} = \alpha_0\, structure_{i,t-1} + \alpha_1\, fdi_{i,t} \times \mathrm{ln}reer_{t-1} + \alpha_2\, fdi_{i,t} +$$
$$\alpha_3\, \mathrm{ln}reer_{i,t-1} + \sum \alpha_n\, controls_{i,t} + \mu_{i,t} \qquad\qquad (5-1)$$

上式中,i 代表各省或直辖市,t 代表年份。$\theta = 2$ 时,被解释变量为 $structure_{i,t}^{2}$,代表第二产业生产总值占地区生产总值的份额;$\theta = 3$ 时,被解释变量为 $structure_{i,t}^{3}$,代表第三产业生产总值占地区生产总值的份额。α_0 是上一期第二产业产出份额对当期第二产业产出份额的影响系数。关键解释变量包括:交叉项 $fdi_{i,t} \times \mathrm{ln}reer_{i,t-1}$,其中 $fdi_{i,t}$ 为各地区的外商投资总额占该地区固定资产投资额的比例,反映该地区外商投资的强度;$\mathrm{ln}reer_{t-1}$ 为滞后一期的实际有效汇率指数;其余的关键解释变量为 $fdi_{i,t}$ 和 $\mathrm{ln}reer_{i,t-1}$。控制变量包括:$\mathrm{ln}invest_{i,t}$ 为取对数的固定资产投资额;$\mathrm{ln}gdp_{i,t}$ 为取对数的人均国内生产总值,首先对名义人均国内生产总值用 CPI 进行调整,随后取对数,用以反映地区的经济发展水平;$(\mathrm{ln}gdp_{i,t})^2$ 为取对数的人均国内生产总值的平方项。由于产业结构调整和升级同收入水平之间可能存在倒"U"形关系,也即当经济发展初期,消费者的消费需求主要集中在对工业品的需求上以满足基本的生活需要,因而第二产业产出比重上升;但随着经济水平的提高、收入的增加,消费者会要求消费更多由第三产业提供的产品,这时第二产业产出比重下降;$\mu_{i,t}$ 为误差项。本书采用动态面板差分方法进行

估计。本书研究的时间段为 1999—2012 年。数据来源为：CEIC 数据库，《中国统计年鉴》。

（二）实证结果分析

表5-3　产业间结构变动回归结果

	（1）	（2）
	structure2	structure3
L.structure2	0.772 *** （17.49）	0.816 *** （16.38）
fdi×lnreer(−1)	−0.0181 *** （−4.10）	0.0142 *** （4.13）
lnreer(−1)	−0.0787 *** （−9.66）	0.0582 *** （7.63）
fdi	0.0817 *** （3.97）	−0.0612 *** （−3.81）
lninvest	0.00930 *** （3.45）	−0.00939 *** （−2.76）
lngdp	0.190 *** （3.48）	−0.151 ** （−2.57）
lngdpsquare	−0.0102 *** （−3.86）	0.00855 *** （2.86）
_cons	−0.999 *** （−3.72）	0.938 *** （2.94）
Sargen test	1.0000	1.0000
AR(2)	0.5047	0.5072
N	402	402

注：t statistics in parentheses, $^*p<0.10$, $^{**}p<0.05$, $^{***}p<0.01$。

从表5-3第(1)列我们看到：交叉项显著为负，表明人民币汇率升值通过外商直接投资渠道对第二产业产出份额有负面效应，也即人民币汇率升值通过外商直接投资渠道使得第二产业产出份额下降，并且外商直接投资强度越大的地区，人民币汇率升值通过外商直接投资渠道对第二产业产出份额的负面作用越大。相应地,从表5-3中第(2)列我们看到:人民币汇率升值通过外商直接投资渠道使得第三产业产出份额上升。

表5-3中第(1)列的fdi的系数显著为正,表明外商直接投资增加能促进第二产业产出占比增加;而第(2)列的fdi的系数显著为负,表明外商直接投资的增加不利于第三产业产出份额的增加。

这可能是因为在相当长一段时间内,我国的产业政策导向是积极发展工业制造业。我国各地方政府也积极创造优秀的投资环境并给予更多的税收等优惠政策以吸引外商投资。这些外商投资主要投向了第二产业。因此,外商直接投资的增加带动了更多的生产要素流向第二产业、制造业部门,有力地促进了我国第二产业产出的增长,第二产业产出份额也相应增加。根据我们的估计,外商投资每增加1%,第二产业产出份额就增加0.08%。相对而言,由于大量生产要素流向第二产业,第三产业的发展受到了抑制。表5-3中的估计结果显示,外商直接投资的增加,使得第三产业产出份额减少。外商直接投资每增加1%,第三产业的产出份额减少0.06%。然而当人民币汇率升值时,情况发生了变化。由于人民币汇率升值,外商直接投资的成本上升,使得一部分对成本敏感的外商减少对中国的直接投资,这其中主要是劳动密集型制造业的外商直接投资。因此,人民币汇率升值通过外商投资渠道使得第二产业的产出份额下降。由于制造业的产出下降,使得更多的生产要素流入第三产业,第三产业的产出份额增加。

二、人民币汇率升值对地区间产业结构及其产业转移效应的外商直接投资机制:地区层面

我国东部和西部经济发展水平差距较大,工业基础以及经济的外向程度差异也很大。因此,不同地区吸引的外商直接投资数量、规模以及外商直接投资的领域也存在很大差异。我们将我国31个省份分为

东部、中部和西部三个子样本,以考察人民币汇率升值通过外商直接投资渠道对我国不同区域的影响。

我们建立如下模型:

$$structure^2_{i,t} = \alpha_0\ structure_{i,t-1} + \alpha_1\ fdi_{i,t} \times lnreer_{t-1} + \alpha_2\ fdi_{i,t} +$$

$$\alpha_3\ lnreer_{i,t-1} + \alpha_4 lngdp_{i,t} + \alpha_5(lngdp_{i,t})^2 + lninvest_{i,t} + chinagrowth_{i,t} + \mu_{i,t}$$

$$(5-2)$$

我们用动态面板差分 GMM 方法进行估计。其中,i 代表各省或直辖市,t 代表年份。被解释变量 $structure^2_{i,t}$ 为第二产业产出占总产出的份额。系数 α_0 代表上一期第二产业产出份额对当期的影响。关键解释变量包括:交叉项 $fdi_{i,t} \times lnreer_{t-1}$,其中 $fdi_{i,t}$ 为各地区的外商投资总额占该地区固定资产投资额的比例,反映该地区外商直接投资的强度;$lnreer_{t-1}$ 为滞后一期的人民币实际有效汇率指数;其余的关键解释变量为 $fdi_{i,t}$ 和 $lnreer_{i,t-1}$。控制变量包括:$lngdp_{i,t}$ 为取对数的人均国内生产总值,首先对名义人均国内生产总值用 CPI 进行调整,随后取对数,用以反映地区的经济发展水平;$(lngdp_{i,t})^2$ 为取对数的人均国内生产总值的平方项。由于产业结构调整和升级同收入水平之间可能存在倒"U"形关系;$lninvest_{i,t}$ 为取对数的固定资产投资额;$chinagrowth_{i,t}$ 为各省 GDP 的增长率。$\mu_{i,t}$ 为误差项。本书采用动态面板差分方法进行估计。本书研究的时间段为 1999—2012 年。数据来源为:CEIC 数据库,《中国统计年鉴》。估计结果如下:

表5-4 东、中、西部地区第二产业结构变动回归结果

	(1)	(2)	(3)
	东部地区	中部地区	西部地区
	structure2	structure2	structure2
L.structure2	0.532 *** (8.59)	0.890 *** (13.76)	0.588 *** (8.59)

续表

	(1)	(2)	(3)
	东部地区	中部地区	西部地区
	structure2	structure2	structure2
fdi×lnreer(−1)	−0.0139* (−1.74)	−0.00775 (−0.31)	0.0659** (2.53)
fdi	0.0644* (1.72)	0.0401 (0.34)	−0.308** (−2.54)
lnreer(−1)	0.0452 (1.17)	0.160** (2.39)	−0.0348 (−0.90)
lngdp	0.314*** (2.88)	0.149 (0.58)	−0.107* (−1.76)
lngdpsquare	−0.0166*** (−3.22)	−0.00836 (−0.65)	0.00548* (1.79)
lninvest	0.0100 (0.99)	−0.00630 (−0.36)	0.0118 (0.96)
chinagrowth	0.203*** (7.23)	0.270*** (6.72)	0.175*** (5.75)
_cons	−1.664*** (−3.34)	−1.295 (−0.98)	0.642* (1.89)
Sargan test	0.1947	0.4898	0.0559
AR(2)	0.2136	0.4538	0.5627
N	132	96	143

注: t statistics in parentheses, $^*p<0.10$, $^{**}p<0.05$, $^{***}p<0.01$。

从表5-4中第(1)列我们看到,对于东部地区,关键解释变量 fdi 的系数为正,说明外商直接投资对东部地区第二产业产出份额增加有促进作用。交叉项 fdi×lnreer(−1)的系数显著为负,表明人民币实际有效汇率升值通过外商直接投资渠道对东部地区第二产业产出份额有负面效应,也即当汇率升值,通过外商直接投资渠道的作用,第二产业产出份额减少。人民币实际有效汇率每升值1%,通过外商直接投资渠道使得东部地区第二产业产出份额减少0.014%。这是因为我国东部地区由于经济基础较好,对外开放较早,工业基础较好,因此吸引了大量的外商直接投资,而由于国家的产业政策导向,很多外商直接投资投向第二产业部门,因此外商直接投资的增加促进了东部地区第二产业产出份额的增加。当人民币汇率升值,部分外商直接投资受到投资成本上升的影响,外商直接投资下降,因此人民币汇率升值通过外商直接投资渠道对东部地区第二产业产出份额产生负面影响,第二产业产出份额减少。

控制变量中,lngdp 的系数显著为正,表示人均国内生产总值的增加,使第二产业产出份额增加。lngdpsquare 的系数显著为负,表明随着人均国内生产总值的进一步提高,第二产业产出份额会下降;chinagrowth 的系数显著为正,说明经济的增长有利于第二产业产出份额的增加。各控制变量的符号都与预期相符。

从表 5-4 中第(2)列我们看到,对于中部地区,关键解释变量 fdi 的系数不显著,说明外商直接投资对东部地区第二产业产出份额没有显著的影响。交叉项 fdi×lnreer(-1) 的系数也不显著,表明汇率升值通过外商直接投资渠道对中部地区第二产业产出份额没有显著的影响。这可能是因为,中部地区吸引的外商直接投资相对较少,外商直接投资对当地第二产业的产出没有显著的影响,因此当人民币升值,通过外商直接投资渠道对中部地区的第二产业产出份额没有显著的影响。

从表 5-4 中第(3)列我们看到,对于西部地区,关键解释变量 fdi 的系数显著为负,说明外商直接投资对西部地区第二产业产出份额有显著的负面效应。交叉项 fdi×lnreer(-1) 的系数显著为正,表明汇率升值通过外商直接投资渠道对西部地区第二产业产出份额有显著的正面效应。人民币实际有效汇率每升值 1%,通过外商直接投资渠道,使得西部地区第二产业产出份额增加 0.066%。这可能是因为,我国西部地区工业基础较差,当地的工业企业竞争力较差。虽然流入该地区的外商直接投资数量不多,但外资的进入可能依然对当地的工业企业产生"挤出效应",因此外商直接投资的增加使得西部地区第二产业产出份额减少。当人民币升值，部分外商直接投资由于成本上升，投资数量减少，因此，反而有利于西部地区第二产业产出份额的增加。因此，人民币汇率升值通过外商直接投资渠道促进了西部地区第二产业产出份额的增加。

对比表5-4中东部地区和西部地区交叉项的系数，我们看到：东部地区交叉项的系数为负，西部地区交叉项为正。说明人民币汇率升值通过外商直接投资渠道使得东部地区第二产业份额减少，而西部地区第二产业份额增加。这也反映了我国东西部地区之间由于产业结构调整带来的产业转移效应。由于人民币汇率升值使得外商直接投资的相对成本上升，使得部分对成本敏感的企业从土地、劳动力成本相对较高的东部地区，转移到成本相对较低的西部地区。

为了考察人民币汇率升值通过外商直接投资渠道对我国东、中、西部地区第三产业产出份额的效应，我们建立以下模型：

$$structure_{i,t}^3 = \alpha_0\ structure_{i,t-1} + \alpha_1\ fdi_{i,t} \times \mathrm{ln}reer_{t-1} + \alpha_2\ fdi_{i,t} + \alpha_3$$
$$\mathrm{ln}reer_{i,t-1} + \alpha_4 \mathrm{ln}invest_{i,t} + \alpha_5 \mathrm{ln}gdp_{i,t} + \alpha_6(\mathrm{ln}gdp_{i,t})^2 + \alpha_7 \mathrm{ln}gov_{i,t} + \mu_{i,t}$$

$$(5-3)$$

我们用动态面板差分方法进行估计。其中，i 代表各省或直辖市，t 代表年份。被解释变量 $structure_{i,t}^3$ 为第三产业产出占总产出的份额。系数 α_0 代表上一期第二产业产出份额对当期的影响。关键解释变量包括：交叉项 $fdi_{i,t} \times \mathrm{ln}reer_{t-1}$，其中 $fdi_{i,t}$ 为各地区的外商投资总额占该地区固定资产投资额的比例，反映该地区外商投资的强度；$\mathrm{ln}reer_{t-1}$ 为滞后一期的实际有效汇率指数；其余的关键解释变量为 $fdi_{i,t}$ 和 $\mathrm{ln}reer_{i,t-1}$。控制变量包括：$\mathrm{ln}invest_{i,t}$ 为取对数的固定资产投资额；$\mathrm{ln}gdp_{i,t}$ 为取对数的人均国内生产总值，首先对名义人均国内生产总值用 CPI 进行调整，随后取对数，用以反映地区的经济发展水平；$(\mathrm{ln}gdp_{i,t})^2$ 为取对数的人均国内生产总值的平方项；$\mathrm{ln}gov_{i,t}$ 为政府的本级财政支出。$\mu_{i,t}$ 为误差项。本书采用动态面板差分 GMM 方法进行估计,研究的时间段为 1999—2012 年。数据来源为:司尔亚司数据信息有限公司(CEIC)数据库,《中国统计年鉴》。

从表 5-5 中第(1)列我们看到,对于东部地区,关键解释变量 fdi 的系数为负,说明外商直接投资对东部地区第三产业产出份额有负面效应。交叉项 fdi×lnreer(−1)的系数显著为正,表明汇率升值通过外商直接投资渠道对东部地区第三产业产出份额增加有促进作用,也即当汇率升值,通过外商直接投资渠道的作用,东部地区第三产业产出份额增加。这可能是因为,长期以来我国重视工业发展,东部地区作为我国经济开放度最高的地区,吸引了大量外商直接投资,并且很多外商直接投资流入东部的第二产业部门,这抑制东部地区第三产业部门的发展,因此外商投资的增加使得东部地区第三产业产出份额下降。受到成本因素影响,人民币升值使东部地区外商直接投资数量减少,第二产业部门受到抑制,使得第三产业部门的产出份额增加。

从表 5-5 中第二、第三列我们看到,对于我国中部和西部地区,关键解释变量 fdi 的系数以及交叉项 fdi×lnreer(−1)的系数都不显著,说明汇率升值通过外商直接投资渠道对我国中、西部地区第三产业产出份额没有显著的影响。

表 5-5   东、中、西部地区第三产业结构变动回归结果

	(1)	(2)	(3)
	东部地区	中部地区	西部地区
	structure3	structure3	structure3
L.structure3	−0.649 (−1.06)	−0.0323 (−0.05)	0.242 ** (2.23)
fdi×lnreer(−1)	0.156 ** (2.05)	0.295 (0.75)	−0.155 (−1.53)
fdi	−0.723 ** (−2.05)	−1.355 (−0.74)	0.739 (1.57)

续表

	（1）	（2）	（3）
	东部地区	中部地区	西部地区
	structure3	structure3	structure3
lnreer(−1)	−0.526 （−1.30）	−1.071 （−0.89）	−0.0924 （−0.86）
lninvest	0.156 （1.17）	0.287 （1.51）	0.0929 ** （1.99）
lngdp	−1.800 （−1.15）	−6.041 （−1.24）	−1.154 （−1.54）
lngdpsquare	0.0914 （0.94）	0.307 （1.22）	0.0461 （1.27）
lngov	−0.152 （−0.82）	−0.139 （−0.93）	0.112 *** （2.58）
Sargan test	1.0000	1.0000	1.0000
AR(2)	0.1268	0.3100	0.6397
N	132	96	143

注: t statistics in parentheses, $^*p<0.10$, $^{**}p<0.05$, $^{***}p<0.01$。

第三节　外商直接投资机制对第二产业
内部结构调整效应

我们选用 VAR 模型来考察人民币升值通过外商直接投资渠道对第二产业内部结构的调整效应。由于对制造业内部细分行业的外商直接投资数据非常有限,我们仅能获取纺织业、化学原料及化学制品制造业、医药制造业、通用设备制造业、专用设备制造业共计五个行业的外商直接投资数据。我们仅对人民币升值通过 FDI 渠道对这几个行业的产出的效应进行分析。

人民币汇率的变动会影响流入我国的外商直接投资的规模,进而对我国各行业产出产生异质性影响,最终影响产业结构。根据这一传导机制,我们分别选择纺织业、化学原料及化学制品制造业、医药制造业、通用设备制造业、专用设备制造业五个行业的工业增加值的累积同比(OUTPUT)、各行业累计外商直接投资额(FDI)和人民币实际有效汇率指数(lnreer)作为实证分析的变量,建立五个 VAR 模型。

对化学原料及化学制品制造业,我们建立如下 VAR 模型:

VAR1 = (chemicaloutput, chemicalfdi, lnreer);

对通用设备制造业,我们建立如下 VAR 模型:

VAR2 = (gequipmentoutput, gequipmentfdi, lnreer)

对医药制造业,我们建立如下 VAR 模型:

VAR3 = (medicaloutput, medicalfdi, lnreer);

对专用设备制造业,我们建立如下 VAR 模型:

VAR4 = (sequipmentoutput, sequipmentfdi, lnreer);

对纺织业,我们建立如下 VAR 模型:

VAR5 = (textileoutput, textilefdi, lnreer)

本书采用 2007 年 2 月至 2013 年 11 月的月度数据进行计量分析。由于统计局公布的数据中,每年 1 月份的工业增加值数据都缺失,考虑到每年的 1 月和 2 月的生产状况都很相似,通常都逢春节长假,因而产出比较低,我们粗略地以 2 月份数据补上缺失的 1 月份数据,并对其进行了季节调整。对于外商直接投资数据,我们首先按当月人民币对美元的名义汇率将其折算成人民币,再用以 1995 年 12 月为基期的 CPI 指数进行了调整,并对其取对数以消除可能存在的异方差特性。人民币实际有效汇率指数来自 IMF,其他数据来自 CEIC 数据库。

(1) ADF 检验

由于大多数宏观经济变量都是非平稳的,所以首先要对相关的经济变量的时间序列进行平稳性检验。我们采用 ADF 检验方法进行检验。表 5-6 列出了各时间序列及其一阶差分序列的 ADF 检验结果。

表 5-6　各序列 ADF 检验结果

变量	检验类型(c,t,n)	ADF 统计量	P 值	结论
chemicaloutput	(c,0,0)	−2.852826	0.0555	平稳
gequipmentoutput	(c,0,0)	−1.668765	0.4432	不平稳
Δgequipmentoutput	(c,0,0)	−8.189977	0.0000	平稳
medicaloutput	(c,0,0)	−1.829517	0.3639	不平稳
Δmedicaloutput	(c,0,0)	−7.596743	0.0000	平稳
sequipmentoutput	(c,0,0)	−1.245635	0.6510	不平稳
Δsequipmentoutput	(c,0,0)	−8.691343	0.0000	平稳
textileoutput	(c,0,0)	−2.830394	0.0585	不平稳
Δtextileoutput	(c,0,0)	−9.401665	0.0000	平稳
chemicalfdi	(c,0,0)	−1.394545	0.5811	不平稳
Δchemicalfdi	(c,0,0)	−10.14448	0.0000	平稳
gequipmentfdi	(c,0,0)	−2.13068	0.1414	不平稳
Δgequipmentfdi	(c,0,1)	−4.765198	0.0000	平稳
medicalfdi	(c,0,1)	−2.239764	0.1942	不平稳
Δmedicalfdi	(c,0,0)	−3.514426	0.0001	平稳
sequipmentfdi	(c,0,0)	−3.907713	0.0031	不平稳
Δsequipmentfdi	(c,0,0)	−11.45333	0.0001	平稳
textilefdi	(c,0,0)	−1.394545	0.5811	不平稳
Δtextilefdi	(c,0,0)	−10.14448	0.0000	平稳
lnreer	(c,0,1)	−0.921437	0.7766	不平稳
Δlnreer	(c,0,0)	−6.926523	0.0000	平稳

注:检验形式中,c 代表有常数项,t 代表有时间趋势项,k 代表滞后阶数,由 EVIEWS 软件自动根据 AIC 准则确定。

（二）协整检验

只有当模型中变量之间存在协整关系时,时间序列的回归才是有效的。因此,我们首先要检验变量之间是否存在协整关系。本书采用 Johansen 极大似然估计法,分别对上述六个模型进行检验,检验的滞后期的选择全部根据 AIC 准则确定。表 5-7 显示了各行业的协整关系检验结果。协整检验的结果表明,各组变量都在 5% 或 10% 的显著性水平上拒绝了不存在协整关系的原假设。因此,通过协整检验可以判断,各组变量之间存在着长期稳定关系。

表 5-7　各行业的协整关系检验结果

VAR1（化学原料及化学制品制造业）

假定的协整关系个数	特征值	迹统计量	5%临界值	P 值
None*	0.224443	37.34905	35.01090	0.0276
At most 1	0.134741	17.26933	18.39771	0.0714
At most 2*	0.071210	5.835962	3.841466	0.0157

VAR2（通用设备制造业）

假定的协整关系个数	特征值	迹统计量	5%临界值	P 值
None*	0.248595	30.53561	29.79707	0.0410
At most 1	0.078446	7.956609	15.49471	0.4701
At most 2	0.018843	1.502785	3.841466	0.2202

VAR3（医药制造业）

假定的协整关系个数	特征值	迹统计量	5%临界值	P 值
None*	0.293089	39.61350	29.79707	0.0027
At most 1	0.104887	12.21233	15.49471	0.1470
At most 2	0.042836	3.458692	3.841466	0.0629

VAR4(专用设备制造业)

假定的协整关系个数	特征值	迹统计量	5%临界值	P 值
None*	0.298199	37.77035	29.79707	0.0049
At most 1	0.116588	9.795996	15.49471	0.2968
At most 2	3.69E-05	0.002915	3.841466	0.9554

VAR5(纺织业)

假定的协整关系个数	特征值	迹统计量	10%临界值	P 值
None	0.220626	31.29093	32.06455	0.1185
At most 1	0.098600	11.59904	16.16088	0.3397
At most 2*	0.042105	3.398352	2.705545	0.0653

(三)脉冲响应分析

我们对各模型进行脉冲响应分析,以考察人民币汇率升值对第二产业内部五个行业产出会造成怎样的冲击。因此,我们采用建立在VAR模型基础之上的脉冲响应函数分析解决这一问题。我们根据AIC准则,模型设为VAR(2)。各VAR模型对应的脉冲响应见图5-5,左边一列为相关行业外商直接投资对汇率升值的脉冲响应图,右边一列为相关行业产出对外商直接投资的脉冲响应图,用以反映人民币汇率升值首先作用于外商直接投资,然后通过外商直接投资作用于产出。

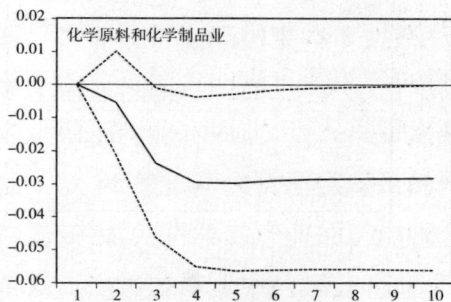

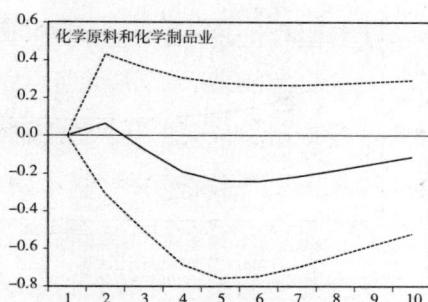

FDI对汇率变动的脉冲响应图 | 产出对FDI的脉冲响应图

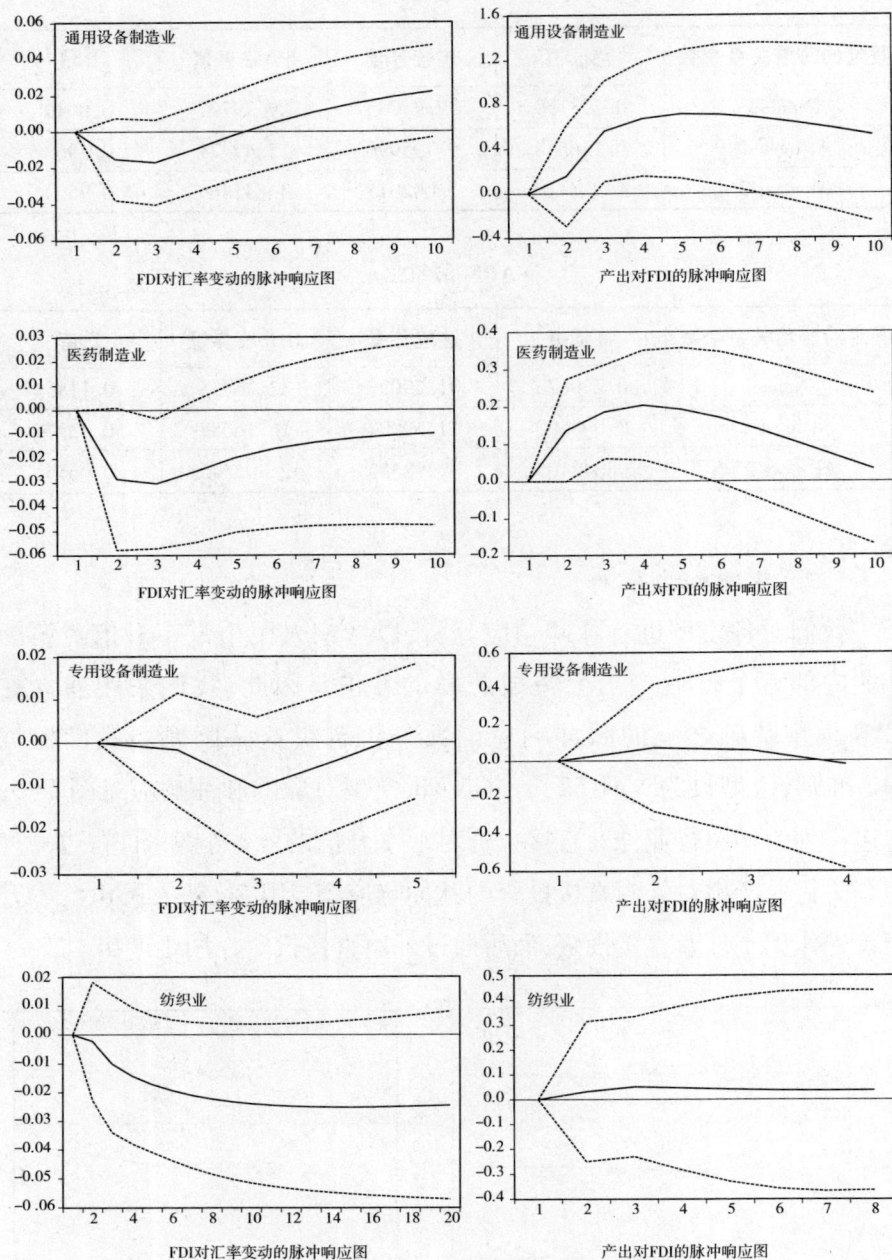

图 5-5　各行业 FDI 对汇率以及产出对 FDI 的脉冲响应图

　　从图 5-5 中我们看到,当人民币汇率升值时,医药业的外商直接投资受到的负面冲击最大,在第三期就达到-0.03 的峰值,随后迅速回升,也就是说人民币汇率升值对医药业的外商直接投资短期内有较大的负面效应,但这种负面效应持续的时间不长。化学原料和化学制品业、纺织业的外商直接投资也受到较大负面影响,并且影响的周期较长。在第五期,人民币汇率升值对化学原料和化学制品业的外商直接投资的负面影响达到峰值,此后缓慢减少,说明该行业的外商直接投资对人民币汇率升值的响应较慢,但人民币汇率升值对该行业的外商直接投资的负面冲击持续时间较长。纺织业的情况与此类似,在第 14 期左右,人民币汇率升值对该行业的外商直接投资才达到峰值,此后冲击效应缓慢减弱。这可能是由于化学原料和化学制品业、纺织业的投资生产周期较长。通用和专用设备制造业在人民币汇率升值时,其外商直接投资受到的冲击较小,在大约第 4 期分别达到-0.009 和-0.004 的峰值后迅速减弱。这说明短期内,人民币汇率升值对通用和专业设备制造业的外商直接投资产生小幅负面影响,但这种负面冲击持续时间较短。

　　当外商直接投资发生变化时,各行业的产出也发生了变化。对于化学原料和化学制品行业来说,当外商直接投资增加时,短期内对其产出产生小幅正面影响,但长期来看,对其产出的影响是负面的。外商直接投资增加一个标准差单位,该行业的产出在第二期上升到 0.06 的峰值,此后下降,到第三期时,为-0.07,表明外商直接投资增加对该行业的产出在第三期开始产生负面效应,该负效应在第五期达到峰值-0.24。专用设备制造业的情况与化学原料和化学制品业的情况类似,外商直接投资增加一个标准差单位时,在前期产生正面效应,于第二期达到峰值 0.058,此后该正面效应迅速减弱,在第四期出现负面效应,并在第五期达到峰值-0.06。这表明外商直接投资增加,在短期内能促进专用设备产出的增加,但从长期来看,对该行业的产出有负面效应。这可能是由于行业内的竞争效应造成的。由于投资的增加，短期内，外商直接投资能促进专用设备制造业的情况与化学原料和化学制品业产出的增长；但外商直接投资也可能对本土企业产生"挤出效应"，使得一些缺乏竞争力的本土企业退出市场，因此从长期看，外商直接投资会减少这些行业的产出。纺织业、医药业、通用设备制造业的产出在受到外商直接投资的冲击时，产生正面效应。但纺织业的产出在外商直接投资增加时产生的正面效应最小，峰值仅为 0.05（第三期），医药业次之，峰值为 0.20（第四期），通用设备业的正面效应最大，峰值为 0.71（第五期）。这可能是因为这些行业通过引进外资，通过外资的"示范效应"，生产技术和管理方法的"溢出效应"提高了全行业的劳动生产率，因此，当外商直接投资增加时，对这些行业的产出产生正向效应。

综合起来看，对于化学原料和化学制品业，由于人民币汇率升值，流入该行业的外商直接投资会受到负面冲击，而外商直接投资对该行业的产出有负面冲击，因此，当外商直接投资由于人民币汇率升值而减少时，可能对该行业的产出有正面效应。对于通用设备制造业，由于人民币汇率升值，流入该行业的外商直接投资受到的负面冲击较小，而当外商直接投资增加时，该行业的产出有较大幅度的增长。因此，人民币汇率升值通过外商直接投资渠道对通用设备制造业产出有一定负面效应，但负面效应不大。对于医药制造业，当人民币汇率升值时，对医药业的外商直接投资短期内有较大的负面效应，而外商直接投资的增加对该行业的产出有较大的正向冲击，因此，短期内，人民币汇率升值通过外商直接投资渠道对医药业的产出有较大的负面冲击。对于专用设备制造业，在汇率升值时，其外商直接投资受到的负面冲击较小，而外商直接投资增加，在短期内能促进其产出的增加，但从长期看，对该行业的产出有负面效应，因此人民币汇率升值通过外商直接投资渠道对该行业的产出短期内有负面影响，长期内有正面影响。对于纺织业，人民币汇率升值对该行业的外商直接投资的负面冲击较大并且持续时间较长,但纺织业的产出在外商直接投资增加时产生的正面效应较小,因此在较长时期内,人民币汇率升值通过外商直接投资渠道对纺织业的产出有一定幅度的负面影响。

第四节 外商直接投资机制对第三产业内部结构调整的效应

一、模型和数据

为了考察人民币升值通过外商直接投资机制对第三产业内部结构调整的效应,我们建立如下模型:

$$structure_{i,t} = \alpha_0 + \alpha_1 fdi \times \ln reer_{i,t} + \alpha_2\, fdi_{i,t} + \alpha_3\, \ln reer_{i,t} +$$
$$\alpha_4\, investment_{i,t} + \alpha_5\, rd_{i,t} + \alpha_6\, growth_{i,t} + \alpha_7\, labor_{i,t} + \mu_{i,t} \qquad (5\text{-}4)$$

其中,i 代表第三产业内部各行业,t 代表年份;$structure_{i,t}$ 是第三产业各行业增加值占第三产业总增加值的比重,其变化反映了第三产业内部结构的变化,为被解释变量。关键解释变量为:$fdi_{i,t} \times \ln reer_t$ 是 $fdi_{i,t}$ 和 $\ln reer_t$ 的交叉项。其中,$fdi_{i,t}$ 为第三产业分行业的实际利用外商直接投资额占第三产业各行业增加值的比重,反映外商直接投资的强度,$\ln reer_{i,t}$ 为实际有效汇率。控制变量主要包括:行业的固定资产投资额占行业增加值的比重 $investment_{i,t}$,表示行业固定资产投资的强度;$rd_{i,t}$ 为研究机构对相关行业的研究经费投入占行业增加的比重;$growth_{i,t}$ 为我国人均 GDP 的增长率,反映经济发展水平;$labor_{i,t}$ 为第三产业内部各行业就业人数的变化率,反映行业劳动力规模的增长。

由于我国对第三产业细分行业的统计较晚,我们仅能获取 2003—2011 年的数据,因此我们选取这一时期为研究的时期。所有数据中,实际有效汇率数据来自 IMF,其他数据来自 CEIC、《中国统计年鉴》和

《中国第三产业统计年鉴》。

为了观察第三产业内部的结构变化,我们将第三产业划分为传统行业和新兴行业两部分。其中,传统行业包括:批发和零售业,住宿和餐饮业,仓储、交通运输和邮政业;新兴行业包括:金融保险业、信息传输和计算机软件业、租赁和商务服务业、科研技术服务和地质勘查业、文化体育和娱乐业、房地产业及居民社区服务业等行业。

二、实证结果和分析

我们采用面板数据固定效应或者随机效应方法对模型进行估计,估计结果如下:

从表5-8中我们看到,人民币汇率升值通过外商直接投资渠道对第三产业内部结构产生影响。人民币汇率升值通过外商直接投资渠道对传统行业占第三产业的比重没有显著的影响,但却对新兴行业占第三产业的比重有显著的正向作用。新兴服务业利用外商直接投资额越多,汇率升值通过外商直接投资渠道对其的促进作用越大。

表5-8 服务业内部结构变动回归结果

	全样本	传统行业	新兴行业
	structure3	structure3	structure3
fdi×lnreer	1.404 *** (4.18)	4.515 (1.18)	1.435 *** (5.29)
lnreer	−0.0420 *** (−3.38)	−0.280 *** (−4.17)	−0.0268 *** (−2.64)
fdi	−6.505 *** (−4.12)	−20.27 (−1.12)	−6.659 *** (−5.23)
investment	0.0449 (0.63)	0.0298 (0.11)	0.00983 (0.19)
rd	−0.0503 (−0.88)	−0.137 (−0.07)	−0.0325 (−1.01)

续表

	全样本	传统行业	新兴行业
	structure3	structure3	structure3
growth	−0.0167 (−0.84)	−0.0144 (−0.21)	−0.0162 (−0.95)
labor	0.0301 (1.37)	−0.0515 (−0.64)	0.0252 (1.07)
_cons	0.266*** (4.26)	1.444*** (4.64)	0.182*** (3.63)
固定/随机效应	RE	RE	RE
Hausman test	0.6251	0.0197	0.1571
N	100	18	82

注: t statistics in parentheses, $^*p<0.10$, $^{**}p<0.05$, $^{***}p<0.01$。

　　值得注意的是,在控制变量中,外商直接投资对传统行业占第三产业的比重没有显著的影响,但对新兴行业占比却有显著的负向作用。这可能是因为,长期以来,由于国家的产业政策倾斜,外商直接投资主要流向制造业、工业企业。外商直接投资通过技术和管理经验的溢出效应,大大促进了我国工业的发展。而第三产业/服务业的发展相对落后,流向第三产业的外商直接投资较少。在第三产业内部,传统行业如批发和零售业,住宿和餐饮业,仓储、交通运输和邮政业,由于起步较早,发展较成熟。但这类传统行业的劳动生产率提高较为缓慢,提升的空间较小,因此外资投向这类行业较少。然而,虽然外商直接投资大量投向新兴服务业,外商直接投资对新兴服务业的产出占比却起到负面作用。这可能是因为我国的服务业总体上处于较低的发展水平,特别是新兴服务业,尽管发展空间较大,但相对于国外,起步晚,发展水平较落后。随着我国于2001年12月11日正式加入世界贸易组织(WTO),越来越多的外商直接投资进入新兴服务业,如银行业、房地产业,在短期内,可能对本土的相关行业产生负面冲击。也就是说,短期来看,外商直接投资在服务业内部产生"挤出效应"。因此表 5-8 中,在我们研究的 2003—2011 年这一相对较短的时期内,FDI 的系数为负,说明,外商直接投资短期内对新兴行业产生负面影响。因此,当人民币实际有效汇率升值,使得外商投资的成本增加,可能抑制一部分外商直接投资的流入,有利于我国新兴服务业的发展。但从长期来看,伴随着外商直接投资的流入产生的技术水平和管理经验的"溢出效应",通过"干中学"积累了大量的人才,外商直接投资对服务业特别是新兴服务业可能产生正面效应。

从上面的分析我们看到:人民币汇率升值通过外商直接投资渠道对传统行业占第三产业的比重没有显著的影响,但却对新兴行业占第三产业的比重有显著的正向作用。人民币汇率升值有利于我国第三产业内部结构的调整和升级。

第五节   人民币汇率升值对产业结构 效应的外商直接投资机制

从全国层面看,人民币汇率升值通过外商直接投资渠道使得第二产业产出份额下降,使得第三产业产出份额上升。也即人民币汇率升值通过外商直接投资渠道有利于我国产业结构调整。

从地区层面看,对于东部地区,人民币汇率升值通过外商直接投资渠道的作用,使东部地区第二产业产出份额减少,第三产业产出份额增加,因此人民币汇率升值通过外商直接投资渠道有利于东部地区的产业结构调整和升级。对于中部地区,人民币汇率升值通过外商直接投资渠道对该地区第二产业产出份额和第三产业产出份额都没有显著的影响,因此人民币汇率升值通过外商直接投资渠道对中部地区的产业结构调整和升级没有明显的效应。对于西部地区,人民币汇率升值通过外商直接投资渠道对该地区第二产业产出份额有显著的正面效应,对第三产业产出份额没有显著的影响。此外,人民币升值通过外商直接投资渠道使得东部地区第二产业份额减少,而西部地区第二产业份额增加。这也反映了我国东西部地区之间由于产业结构调整带来的产业转移效应。

从第二产业内部结构来看,由于对制造业内部细分行业的外商直接投资数据非常有限,我们仅能获取纺织业、化学原料及化学制品制造业、医药制造业、通用设备制造业、专用设备制造业共计五个行业的外商直接投资数据。我们仅对人民币升值通过 FDI 渠道对这几个行业的产出的效应进行分析。综合起来看,对于化学原料和化学制品业,由于人民币升值,流入该行业的外商直接投资会受到负面冲击,而外商直接投资对该行业的产出有负面冲击,因此,当外商直接投资由于人民币汇率升值而减少时,可能对该行业的产出有正面效应。对于通用设备制造业,由于人民币升值,流入该行业的外商直接投资受到的负面冲击较小,而当外商直接投资增加时,该行业的产出有较大幅度的增长。因此,人民币汇率升值通过外商直接投资渠道对通用设备制造业产出有一定负面效应,但负面效应不大。对于医药制造业,当人民币汇率升值时,对医药业的外商直接投资短期内有较大的负面效应,而外商直接投资的增加对该行业的产出有较大的正向冲击,因此,短期内,人民币汇率升值通过外商直接投资渠道对医药业的产出有较大的负面冲击。对于专用设备制造业,在人民币汇率升值时,其外商直接投资受到的负面冲击较小,而外商直接投资增加,在短期内能促进其产出的增加,但从长期看,对该行业的产出有负面效应,因此人民币汇率升值通过外商直接投资渠道对该行业的产出短期内有负面影响,长期内有正面影响。对于纺织业,人民币汇率升值对该行业的外商直接投资的负面冲击较大并且持续时间较长,但纺织业的产出在外商直接投资增加时产生的正面效应较小,因此在较长时期内,人民币汇率升值通过外商直接投资渠道对纺织业的产出有一定幅度的负面影响。

从第三产业内部结构来看,人民币汇率升值通过外商直接投资渠道对传统行业占第三产业的比重没有显著的影响,但却对新兴行业占第三产业的比重有显著的正向作用。人民币汇率升值有利于我国第三产业内部结构的调整和升级。

第六章　人民币汇率升值的产业结构及其区域转移效应:流动性机制

第一节　现实和理论分析

根据国际经济学的传统理论,在开放的市场经济条件下,如果一个国家实行浮动汇率制度,那么汇率会真实地反映该国的国际收支状况。当一个国家的国际收入大于支出,也即国际收支顺差时,外汇的供应大于需求,因而本币升值,外币贬值。反之,当一国的国际收入小于该国的国际支出时,也即国际收支逆差时,外汇的供应小于需求,本币贬值,外币升值。如果国际收支逆差是长期持续的并且规模较大,则必然会导致本国货币贬值。因此,汇率的变动反映了一个国家的国际收支状况。而另一方面,汇率的变动也对国际收支状况产生影响。根据马歇尔—勒纳条件,本币贬值会引起进出口商品的价格变化,因而引起进出口商品数量的变动,并最终引起贸易收支的变动。根据"J 曲线效应"理论,在马歇尔—勒纳条件成立的条件下,经过一段时间的滞后,贬值能够增加贸易顺差。

我国自 1994 年进行外汇体制改革以来,一直实行强制结售汇制度。这一制度的实施,有利于我国外汇储备的积累。但随着我国经济的开放和发展,我国又出现了外汇储备增长过快的问题。2008 年我国再次修订了《外汇管理条例》,取消了强制结售汇制度。虽然取消了强制结售汇制度,但由于国际贸易中大量使用美元作为结算货币,而相关出口企业还是需要将出口所得的外币兑换为人民币,用于支持国内的生产和经营。这些由于国际收支顺差带来的外汇,通过与商业银行的兑换,最终形成了外汇占款。中央银行为了兑换这些外汇,必然向市场投放基础货币。中央银行通过外汇占款来积累外汇储备并被动吐出基础货币,使得市场的流动性增加。近年来,由于净结汇而产生的外汇占款已经成为我国基础货币投放的一个重要渠道,也在一定程度上使得我国丧失了货币政策的独立性。因此人民币汇率变动,会首先影响我国的国际收支,进而影响我国的外汇占款数量,再进一步影响我国的基础货币投放量,并进而影响我国的货币供给量。也就是说,假定不考虑汇率波动对资本流动的影响,人民币汇率的变动会通过国际贸易收支、外汇占款、基础货币量影响我国的流动性。由图6-1我们看到,自2005年7月汇率改革以后,人民币对美元的名义汇率呈升值趋势,而同期的外汇占款的变动率则呈现与汇率变动相反的趋势,也即假定不考虑资本流动,随着人民币汇率的升值,外汇占款的增速呈下降趋势。图6-2显示,同期外汇占款的变动率与M0的变动率呈现相同的变化趋势。

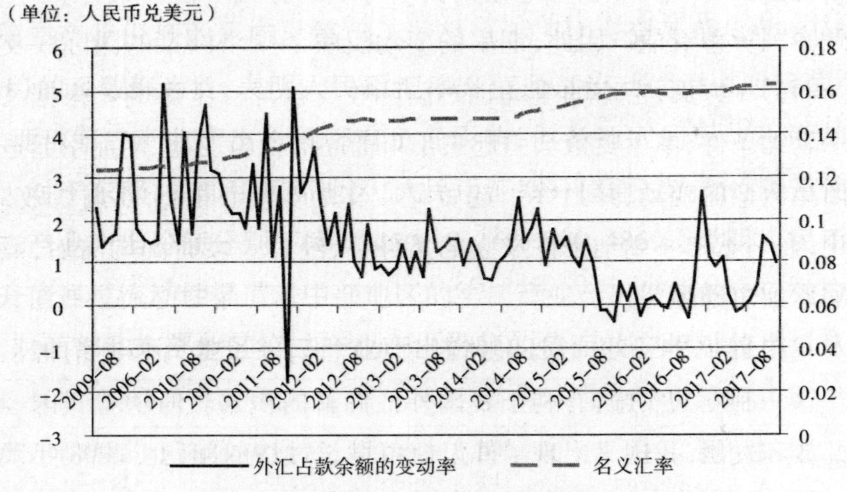

（单位：人民币兑美元）

图6-1 汇率变动与外汇占款余额的变化

数据来源：Wind 数据库。

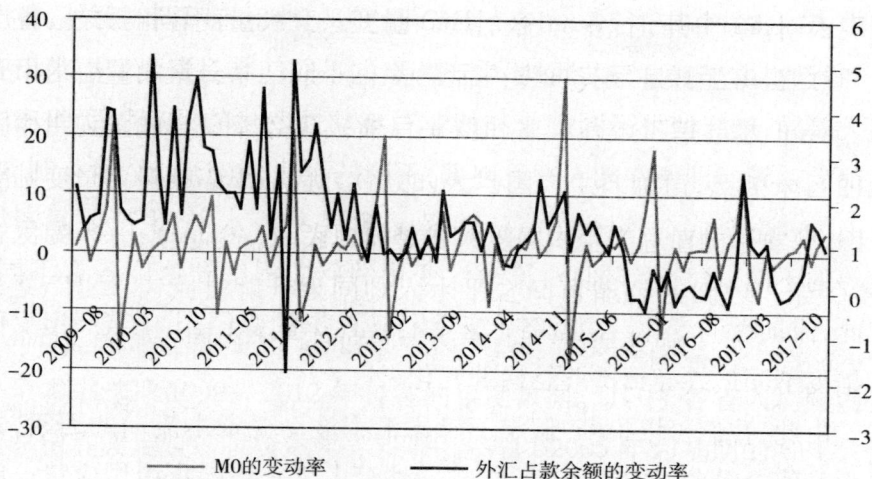

图 6-2　基础货币和外汇占款

数据来源：Wind 数据库。

另一方面，流动性的变化，会对产出和产出的结构产生影响。我国地域辽阔，各地区的经济发展水平有很大的差异。各地区由于 GDP、居民的收入水平不同、金融发展水平的不同使得货币供给量发生变化时，对各地区的 GDP、居民的收入和支出产生不同的冲击。另外，我国各地区企业结构的差异，比如各地规模以上企业的比重、不同所有制形式企业的比重、不同生产要素密集度企业的比重的不同，使得各地区的企业面临的融资约束各不相同，因而各地区的产出和产出结构受到货币供给量变化的冲击也各不相同。加之各地金融市场的结构差异和金融市场的发达程度和效率的不同，使得金融市场对货币政策的传导效率有很大差异，因而当货币供应量发生变化时，各地的产出和产出结构受到不同的冲击。

流动性变化还会对不同产业和行业的利润率产生差异性作用。这是由于企业在实现营业收入之前，通常都是利用银行贷款来支付企业的固定资产投资和购买生产要素。各产业和行业的生产成本、融资成本和利润空间不同，因此流动性的变化对各产业和行业利润率的影响程度不同,各产业和行业对流动性变化的敏感性也有不同。另外,各产业和行业,由于其自身的属性、生产特点的不同使其对资金的需求也有很大差异,最终使得不同产业和行业对流动性变化的反应程度和速度有很大差异。即便在同一行业内部,不同的企业,由于规模、所有制、融资能力和融资成本、银行信贷依赖程度、财务杠杆水平、生产要素密集度等的不同,也会使它们对流动性变化的反应程度和速度各有不同。因此,流动性的变化会引起各产业和行业产出的变化,由于其产出变化的幅度不同最终导致产业结构的变化。

由此,我们可以推断:假定不考虑汇率波动对资本流动的因素,人民币升值会沿着"汇率—国际收支—外汇占款—基础货币供应量—广义货币供应量—产出—产业结构"这一路径对产业结构产生影响,这就是我国的人民币升值对产业结构影响的流动性渠道。

第二节　流动性机制影响产业间结构的实证分析

一、人民币汇率升值对产业结构效应的流动性机制:全国层面

1. 模型和数据

我们建立如下动态模型:

$$structure_{i,t}^{\theta} = \alpha_0 + \alpha_1 structure_{i,t-1} + \alpha_2 CM2_t \times \ln reer_{t-1} + \alpha_3 CM2_t +$$
$$\alpha_4 \ln reer_{t-1} + \alpha_5 \ln gdp_{i,t} + \alpha_6 (\ln gdp_{i,t})^2 + \alpha_7 \ln invest_{i,t} + \mu_{i,t} \qquad (6-1)$$

上式中,i 代表各省或直辖市,t 代表年份。$\theta = 2$ 时,被解释变量为 $structure_{i,t}^2$,代表第二产业生产总值占地区生产总值的比重;$\theta = 3$ 时,被解释变量为 $structure_{i,t}^3$,代表第三产业生产总值占地区生产总值的比重。关键解释变量为交叉变量 $CM2_t \times \ln reer_{t-1}$,其中 $CM2_t$ 为广义货币投放量的增长率。$\ln reer_{t-1}$ 为滞后一期的实际有效汇率指数;广义货

币投放量 $CM2_t$;滞后一期的实际有效汇率指数 $lnreer_{t-1}$。控制变量包括:$lngdp_{i,t}$ 为取对数的人均国内生产总值,反映地区的经济发展水平;$(lngdp_{i,t})^2$ 为取对数的人均国内生产总值的平方项,用于考察产业结构调整和升级同收入水平之间可能存在倒"U"形关系;$lninvest_{i,t}$ 为各省取对数的固定资产投资额,反映各省固定资产投资对产业结构的影响。$\mu_{i,t}$ 为误差项。

本书选取 1999—2012 年各省的年度数据。其中,各省人均国内生产总值和固定资产投资数据,分别用各省以 2005 年为基期的 CPI 数据进行调整。在计算各省国有企业工业总产值占全部工业企业工业总产值的比重时,由于 2004 年和 2012 年国家统计局统计口径的变化,未报告相关国有企业工业总产值和全部工业企业工业总产值数据,我们选取这两个年份的国有企业和全部工业企业的主营业务收入对国有企业的产出占全部工业企业产出的比重进行了大致的估算。实际有效汇率来自国际货币基金组织的 IFS 数据库。其他数据来自中国国家统计局网站、《中国统计年鉴》和司尔亚司数据信息有限公司(CEIC)数据库。

2. 实证结果分析

表 6-1 产业间结构变动回归结果

	全样本	全样本
	structure2	structure3
L.structure2	0.749 *** (18.97)	0.768 *** (19.21)
CM2×lnreer(−1)	−0.0281 *** (−7.91)	0.0401 *** (13.19)
lnreer(−1)	−0.0192 ** (−2.20)	0.00980 (0.90)
CM2	0.281 *** (14.69)	−0.296 *** (−17.23)
lninvest	0.000805 (0.16)	−0.000610 (−0.12)

续表

	全样本	全样本
	structure2	structure3
lngdp	0.255 *** (4.19)	−0.235 *** (−2.87)
lngdpsquare	−0.0133 *** (−4.02)	0.0126 *** (3.16)
_cons	−1.047 *** (−3.13)	1.159 *** (2.90)
Sargen test	1.0000	1.0000
AR(2)	0.3780	0.1418
N	402	402

注: t statistics in parentheses, $^{*}p<0.10$, $^{**}p<0.05$, $^{***}p<0.01$。

我们用动态面板数据方法对我国 31 个省区全样本数据进行估计,计量结果如下。从表 6-1 中我们看到:人民币实际有效汇率升值通过流动性渠道对我国的产业结构产生了显著的影响。在不考虑资本流动的前提条件下,人民币实际有效汇率升值,使得我国经常项目下贸易顺差减少,会使我国外汇占款减少,进而减少被动投放的货币供应量,并通过流动性渠道对我国第二产业产出占比产生显著的负面效应:人民币汇率每升值 1%,通过流动性渠道,第二产业产出份额减少 0.028%。而人民币实际有效汇率升值通过流动性渠道对我国第三产业产出占比则有正面的效应:人民币汇率每升值 1%,通过流动性渠道,第三产业产出份额增加 0.04%。也即人民币汇率升值有利于我国产业结构调整和升级。

这可能是由于长期以来我国的经济发展战略选择优先发展工业制造业,使得第三产业/服务业的发展相对受到抑制。当流动性充足时,工业企业能够获得比较多的贷款,大量资金流入第二产业,使得第二产业产出占比增加。人民币汇率的低估促进了出口部门的发展,与此同时带来我国贸易顺差的迅速增长,央行被动地增加基础货币的供给量,而这些增加的流动性则进一步流入工业制造业部门特别是出口部门。因此,当人民币汇率低估时,更多地促进了工业/制造业部门的发展,而使得第三产业/服务业部门受到了抑制。当人民币实际有效汇率升值时,我国的贸易顺差减少,央行被动投放的基础货币量减少,同时由于出口部门受到抑制,部分生产要素流出这类行业转向其他的工业行业和服务业行业,因此,人民币实际有效汇率升值通过流动性渠道促进了我国第三产业/服务业产出占总产出比重的增加,有利于我国产业结构的调整和升级。

关键变量中,CM2,也即广义货币供给量的变化率与第二产业产出占比之间存在显著的正向关系,说明广义货币供给量的增加能够显著地促进第二产业产出的增加。广义货币供给量每增加1%,会使得第二产业产出占比增加0.281%。而对第三产业来说,CM2的系数显著为负,说明广义货币供给量的增加对第三产业产出占比有负面效应,广义货币供给量增加1%,第三产业的产出减少0.296%。当然,广义货币供应量的增加,必然会促进各个行业产出的增加,第三产业也不例外。但是,广义货币供给量增加导致各产业产出的增加幅度不同,使得第二、三产业的相对结构产生了变化。通常,第二产业的发展比第三产业更依赖于资金的密集投入,比如某企业需要建一条生产线等,需要的资金投入量比较大。第二产业部门对资金的依赖程度大于第三产业部门。因此,当广义货币供应量增加,更多的货币流向第二产业,使得第二产业的产出增长幅度大于第三产业。但当广义货币供应量减少时,第二产业对资金的需求量更多这一特点使得第二产业的产出减少幅度大于第三产业。因此,当人民币实际有效汇率升值,央行被动投放的流动性减少,使得广义货币供应量的增幅下降,第二产业产出受到的负面冲击较大,使得第二产业的产出减少。当第二产业部门受到抑制,生产要素流出第二产业中的部分企业,流入其他部门,这推动了第三产业产出份额的增长。

对于第二产业,上表中第(1)列中控制变量 lngdp(人均 GDP)的系数显著为正,表明经济发展的初级阶段,人们对工业制成品的需求会增加,因此第二产业的比重会增加;相应地,对第三产业,如上表中第(2)列显示,控制变量 lngdp 的系数显著为负,表明在经济发展的初期,由于人们会首先满足自身对工业制成品的需求,对第三产业/服务业产品的需求不旺盛,使第三产业的发展受到相对抑制。

上表中第(1)列控制变量 lngdpsquare(人均 GDP 的平方项)显著为负,表明随着经济的发展,人民实际收入水平的提高,人们对工业品的需求会下降,因此第二产业产出占比下降。相对地,上表中第(2)列变量 lngdpsquare 的符号为正并且显著,说明随着生活水平的提高,人们对第三产业/服务业的需求会增加,第三产业的产出占比会增加。

综上所述,人民币汇率升值通过流动性渠道对我国第二产业产出占比产生显著的负面效应,对我国第三产业产出占比则有正面的效应。人民币汇率升值通过流动性渠道作用于我国产业结构,有利于我国产业结构的调整和升级。

二、人民币汇率升值对地区间产业结构及其产业转移效应的流动性机制

1. 模型和数据

我们再将全国 31 个省分成东、中、西部三个子样本进行观察。由于我国各地区经济发展水平的不同,使得汇率升值通过流动性渠道对各地区产出结构产生不同的效应。我们建立如下模型:

$$structure^{\theta}_{i,t} = \alpha_0 + \alpha_1 CM1 \times \ln reer_{t-1} + \alpha_2 CM1_{i,t} + \alpha_3 \ln reer_{t-1} +$$
$$\alpha_4 \ln gdp + \alpha_5 \ln gdpsquare_{i,t} + \alpha_6 growth_{i,t} + \mu_{i,t} \qquad (6-2)$$

上式中,i 代表各省或直辖市,t 代表年份。$\theta = 2$ 时,被解释变量为 $structure^2_{i,t}$,代表第二产业生产总值占地区生产总值的比重;$\theta = 3$ 时,被解释变量为 $structure^3_{i,t}$,代表第三产业生产总值占地区生产总值的

比重。关键解释变量为交叉变量 $CM1_{i,t} \times \mathrm{ln}reer_{t-1}$，其中 $CM1_t$ 为广义货币供应量的增长率。$\mathrm{ln}reer_{t-1}$ 为滞后一期的实际有效汇率指数;广义货币供应量的增长率 $CM1_t$;滞后一期的实际有效汇率指数 $\mathrm{ln}reer_{t-1}$。控制变量包括:$\mathrm{ln}gdp_{i,t}$ 为取对数的人均国内生产总值,反映地区的经济发展水平;$(\mathrm{ln}gdp_{i,t})^2$ 为取对数的人均国内生产总值的平方项,用于考察产业结构调整和升级同收入水平之间可能存在倒"U"形关系;$growth_{i,t}$ 为各省国内生产总值的增长率;$\mu_{i,t}$ 为误差项。

　　本书选取 1999—2012 年各省的年度数据。其中,各省人均国内生产总值和固定资产投资数据,分别用各省以 2005 年为基期的 CPI 数据进行调整。在计算各省国有企业工业总产值占全部工业企业工业总产值的比重时,由于 2004 年和 2012 年国家统计局统计口径的变化,未报告相关国有企业工业总产值和全部工业企业工业总产值数据,我们选取这两个年份的国有企业和全部工业企业的主营业务收入对国有企业的产出占全部工业企业产出的比重进行了大致的估算。人民币实际有效汇率来自 IMF 的 IFS 数据库。其他数据来自中国国家统计局网站、《中国统计年鉴》和司尔亚司数据信息有限公司(CEIC)数据库。

　　2. 实证结果分析

　　我们采用广义最小二乘法(GLS)对模型进行估计,估计结果如下:

表 6-2　东、中、西部地区第二产业产出份额回归结果

	(1)	(2)	(3)
	东部地区	中部地区	西部地区
	structure2	structure2	structure2
CM1×lnreer(−1)	−0.451 ** (−2.41)	−2.167 *** (−5.33)	−0.486 ** (−2.46)
CM1	2.037 ** (2.29)	10.11 *** (5.25)	2.398 ** (2.57)

续表

	(1)	(2)	(3)
	东部地区	中部地区	西部地区
	structure2	structure2	structure2
lnreer(-1)	0.0720 *** (2.87)	0.524 *** (9.43)	0.0876 *** (3.40)
lngdp	2.749 *** (143.22)	1.939 *** (37.47)	-0.484 *** (-56.95)
lngdpsquare	-0.135 *** (-143.42)	-0.100 *** (-35.96)	0.0286 *** (65.08)
growth	0.0816 *** (9.90)	0.00744 (0.49)	0.273 *** (25.12)
_cons	-13.80 *** (-94.58)	-11.29 *** (-30.41)	2.001 *** (14.96)
N	143	104	156

注: t statistics in parentheses, $^*p<0.10$, $^{**}p<0.05$, $^{***}p<0.01$。

表6-2报告了人民币汇率升值通过流动性渠道对我国东、中、西部第二产业份额的影响。第(1)、(2)、(3)列中,交叉项 CM1×lnreer(-1)的系数都为负,表明人民币汇率升值通过流动性渠道对我国中、东、西部第二产业产出份额都有负面影响,但各地区的反应程度却不同。对于东部、中部和西部地区,人民币汇率升值通过流动性渠道使其第二产业产出份额分别下降0.45%、2.16%和0.486%,说明人民币汇率升值通过流动性渠道对中部地区的第二产业产出份额的负面效应最大,对西部和东部地区第二产业产出份额的负面效应相对较小。从表6-2中 CM1 的系数我们也看到,货币供应量增加,对中部地区第二产业产出份额的正向效应最大,货币供应每增加1%,中部地区的第二产业产出份额增长10.11%,而东部和西部地区的 CM1 的系数相对较小,货币供应每增加1%,东部和西部地区的第二产业产出份额增长分别

为 2.037% 和 2.398%。这反映了近年来我国制造业中的一部分从东部地区向中部地区转移的趋势。工业的发展,需要较多的资金支持,以用于工业企业的固定资产的购置和其他的生产经营活动。由于近年来东部地区成本上升,使得部分制造业企业转移到工业基础相对较好的中部地区,因此当货币供应量增加,中部地区的第二产业增长较快。然而,当人民币汇率升值,使得贸易顺差减少,外汇占款减少,央行为了兑换外汇而被动投放的流动性减少,货币供应量减少,对中部地区的第二产业冲击也较大。

表 6-3　东、中、西部地区第三产业产出份额回归结果

	东部地区	中部地区	西部地区
	structure3	structure3	structure3
CM1×lnreer(−1)	2.178 *** (5.29)	0.170 (0.26)	−0.624 *** (−2.97)
CM1	−10.21 *** (−5.23)	−0.692 (−0.22)	2.965 *** (2.98)
lnreer(−1)	−0.530 *** (−9.68)	−0.183 ** (−2.13)	0.133 *** (4.84)
lngdp	−1.755 *** (−35.90)	−0.890 *** (−20.07)	0.255 *** (30.40)
lngdpsquare	0.0921 *** (38.24)	0.0477 *** (20.28)	−0.0145 *** (−32.10)
growth	−0.356 *** (−21.99)	−0.0589 *** (−3.73)	−0.0729 *** (−8.13)
_cons	11.27 *** (31.82)	5.355 *** (11.54)	−1.337 *** (−9.90)
N	143	104	156

注: t statistics in parentheses, $^*p<0.10$, $^{**}p<0.05$, $^{***}p<0.01$。

　　表6-3报告了人民币汇率升值通过流动性渠道对我国东、中、西部第三产业产出份额的影响。对于东部和中部地区交叉项 CM1×lnreer(-1)为正,说明人民币汇率升值通过流动性渠道有利于东部和中部地区的第三产业产出份额的增加。人民币汇率每升值1%,通过流动性渠道,东部地区第三产业产出份额增加2.178%,中部地区第三产业产出份额增加0.17%。但对于西部地区交叉项 CM1×lnreer(-1)为负,说明人民币汇率升值通过流动性渠道不利于西部地区第三产业产出份额的增加。人民币汇率每升值1%,西部地区第三产业产出份额减少0.624%。货币供应量变动对各地区第三产业产出份额的效应也不同。对于东部和中部地区,货币供应量增加,这两个地区的第三产业产出份额减少;对于西部地区,货币供应量增加,该地区的第三产业产出份额增加。这是因为,第二产业需要更多的资金支持,我国东部地区第二产业较发达,因而当货币供应量增加,更多的资金流入第二产业,使得第三产业的发展受到抑制,因此,当货币供应量增加,东部地区第三产业的产出份额下降。中部地区的情况也类似。近年来,由于我国东部地区的生产成本上升较快,使得部分制造业开始转移到其他地区。而我国的中部和西部相比,中部地区的工业基础更好,因此,部分从东部地区流出的制造业转移到中部地区。当货币供应量增加,更多的资金会流向第二产业,因而抑制了中部地区第三产业的产出份额的增加。而当人民币升值时,贸易顺差减少,外汇占款减少,央行为了兑换外汇而被动投放的流动性减少,货币供应量减少,东部和中部地区的第二产业受到抑制,这反而有利于这两个地区第三产业的发展,因此人民币汇率升值通过流动性渠道对东部和中部地区的第三产业产出份额有正向的促进作用。西部地区的情况不同于东、中部。西部地区长期以来工业基础较薄弱,因此承接东部地区转移出去的制造业的能力落后于中部地区。但近年来,西部地区的一些服务业发展较快,比如西部由于自然资源条件较好,近年来旅游业发展较快,这又带动了相关的住宿

餐饮、交通运输、零售业等一系列行业。因此，当货币供应量增加，有利于西部地区的第三产业产出份额增加。但当人民币汇率升值，贸易顺差减少，外汇占款减少，央行为了兑换外汇而被动投放的流动性减少，货币供应量相应减少，这对西部地区第三产业产出份额有负面效应。

综上所述，人民币实际有效汇率升值，通过流动性渠道对我国东、中部地区第二产业产出占比产生显著的负面效应，对东部和中部地区第三产业产出占比则有相反的效应，即人民币汇率升值使得东部和中部第三产业产出份额增加。因此人民币汇率升值通过流动性渠道作用于产业结构，有利于我国东部和中部地区产业结构的调整和升级。但对于西部地区，人民币升值通过流动性渠道对该地区的第二产业份额和第三产业份额都有负面效应，但对第三产业份额的负面效应更大，因此人民币汇率升值通过流动性渠道作用于我国西部地区的产业结构，总体上不利于我国西部地区产业结构的调整和升级。

第三节　流动性机制对第二产业结构效应的实证分析

汇率升值通过影响流动性进而引起第二、三产业间的结构变化。除此以外，人民币汇率升值还通过影响流动性而引起各产业内部的结构变化。本节我们将重点考察人民币汇率升值通过流动性渠道对第二产业和第三产业内部结构变动的影响。

一、模型和数据

为了考察人民币实际有效汇率升值通过出口贸易渠道对第二产业内部产业结构的影响，我们建立如下计量模型：

$$structure_{i,t} = \alpha_0 + \alpha_1 CM1_t \times \ln reer_{t-1} + \alpha_2 CM1_t + \alpha_3 \ln reer_{t-1} +$$
$$\alpha_4 fixasset_{i,t} + \alpha_5 invest_{i,t} + \alpha_6 leverage_{i,t} + \alpha_7 interestcost_{i,t} + \mu_{i,t}$$

$$(6-3)$$

上式中,i 代表制造业中各行业,t 代表年份。$structure_{i,t}$ 为制造业中各个行业的营业收入占总营业收入的比重,是被解释变量;$CM1_t \times \ln reer_{t-1}$ 是货币供应量变动率 $CM1$ 与滞后一期的实际有效汇率 $\ln reer$ 的交叉项,代表汇率升值影响制造业内部结构的流动性渠道,是关键解释变量,此处选取滞后一期的实际有效汇率放入交叉项,是因为由于汇率升值引起贸易顺差变动,然后引起外汇占款变动,并最终引起货币供应量变动,时期较长,可能存在一定的滞后,所以用一阶滞后的实际有效汇率指数。其他的解释变量还有货币供应量变动率 $CM1_t$,滞后一期的实际有效汇率 $\ln reer_{t-1}$。控制变量主要有:为各行业固定资产净值占总的工业企业固定资产净值的比重 $fixasset_{i,t}$;各行业固定资产投资占第二产业总的固定资产投资的比重 $invest_{i,t}$;行业的财务杠杆比率 $leverage_{i,t}$,用行业的总资产/总负债来衡量;行业的财务成本比率 $interestcost_{i,t}$,用行业的利息费用/营业收入来衡量。

除了研发经费支出为2006—2012年的年度数据外,其余各变量的数据都为2003—2012年各行业的年度数据。数据来源国际货币基金组织(IMF)、司尔亚司数据信息有限公司(CEIC)数据库和中国国家统计局网站。

二、实证结果分析

我们采用静态面板数据的 GMM 方法进行估计。由于考虑到货币供应量具有一定的内生性,我们选取货币供应量的一阶滞后作为工具变量。模型估计结果如下:

表6-4　制造业内部结构变动回归结果

	（1）	（2）	（3）
	劳动密集型	资本密集型	技术密集型
CM1×lnreer(−1)	−0.255 (−1.55)	−0.0701 (−0.34)	−1.314** (−2.12)
CM1	1.203 (1.55)	0.322 (0.33)	6.218** (2.12)
lnreer(−1)	0.0411** (1.98)	0.00461 (0.17)	0.161* (1.85)
fixasset	0.224 (1.60)	0.167*** (2.84)	0.814** (2.09)
invest	0.292*** (3.85)	0.100** (2.48)	0.305** (2.05)
leverage	0.00870** (2.50)	−0.0213 (−1.55)	0.0394 (0.60)
interestcost	−0.127 (−0.66)	−0.135 (−0.57)	−1.370* (−1.85)
growth	0.000729 (1.53)	−0.000389 (−0.12)	0.0224** (2.17)
工具变量	Cm1(−1)		
N	144	81	72

注:t statistics in parentheses, $^*p<0.10$, $^{**}p<0.05$, $^{***}p<0.01$。

从表6-4中我们看到,对劳动密集型、资本密集型和技术密集型三种要素密集度不同的行业来说,仅有技术密集型行业的交叉项($CM1 \times \mathrm{ln}reer(-1)$)的系数显著为负,而资本和技术密集型行业的交叉项系数不显著。另一个解释变量($CM1$)的系数也是仅有技术密集型行业的$CM1$显著为正,说明当货币供应量增加时,技术密集行业的产出份额会上升,而其他行业的产出比重变化不显著。直觉上,我们认为资本密集型行业可能会对流动性变化更为敏感,但我们的实证结果却否定了这样的结论。实证结果显示,技术密集型行业对流动性变化更敏感。从表6-4中CM1的系数我们看到,货币供应量增加,技术密集型行业产出份额增加最大,劳动密集型行业产出也有所增加,资本密集型行业没有显著影响。人民币汇率升值时,贸易顺差减少,央行通过外汇占款被动投放的货币量减少,因此通过流动性渠道对技术密集型行业的冲击也最大。这可能是因为技术密集型的行业如设备制造业、医药制造业等的生产需要投入大量的资金,因此当人民币汇率升值时,通过流动性渠道对技术密集型行业的产出份额有较大的负面冲击。

从上面的分析我们看到:人民币汇率升值通过流动性渠道使得技术密集型行业受到较大的冲击,产出份额减少,对资本密集型和劳动密集型行业没有太大影响。因此人民币汇率升值通过流动性渠道不利于我国第二产业内部产业结构的调整、优化和升级。

第四节 流动性机制对第三产业结构效应的实证分析

由于我国第三产业细分行业的统计数据较少,我们选取上市公司中服务业公司2001—2012年的年度财务数据进行实证分析。我们首先建立如下计量模型:

$$\ln revenue_{i,t} = \alpha_0 + \alpha_1 \ln m1_t * \ln reer_{t-1} + \alpha_2 \ln reer_{t-1} + \alpha_3 \ln m1_t + \alpha_4 \ln cash_{i,t} + \alpha_5 \ln asset_{i,t} + \alpha_6 leverage_{i,t} + \alpha_7 financialcost_{i,t} + \mu_{i,t}$$

$$(6-4)$$

其中,i代表制造业中各企业,t代表年份。$\ln revenue_{i,t}$为取对数的营业收入,营业收入经当年CPI调整,是被解释变量;主要解释变量为交叉项$\ln m1_t \times \ln reer_{t-1}$,其中的$\ln m1$为取对数的当年的m1货币供应量,$\ln reer_{t-1}$为滞后一期的实际有效指数;其他的关键解释变量有:滞后一期的实际有效汇率指数$\ln reer_{t-1}$,货币供应量$\ln m1$。控制变量包括:(1)取对数的企业货币资金拥有量$\ln cash_{i,t}$,企业持有足够的现金能够促进企业营业收入的增加;(2)取对数的企业固定资产净值 $lnasset_{i,t}$。固定资产净值计算如下:首先考虑到部分上市公司可能经历了兼并、收购,导致固定资产的剧烈变动,为了平滑这种波动,我们将相邻上市公司固定资产期初和期末的数据进行平均,然后用当年的固定资产投资价格指数进行平减,以剔除价格变动因素,随后我们参照何光辉等(2012)的方法进行如下计算: $K_{i,t} = K_{i,t0} + \sum_{t0+1}^{t} k_{i,t} / p_t$,其中 $K_{i,t0}$ 是企业 i 在基年 2001 年的固定资产余额, $k_{i,t}$ 为企业 i 在 t 年固定资产净值的增量,假定不考虑累计折旧; p_t 是以 2001 年为基年的 t 年固定资产投资指数;(3) $leverage_{i,t}$ 是企业的杠杆比,用总负债/总资产计算,反映企业的债务负担,若企业有合理的杠杆比,能通过一定的负债增加投资用于生产经营活动,有利于企业的营业收入增加,但杠杆比过高,也给企业带来巨大的风险;(4)财务成本 $financialcost_{i,t}$,我们用财务费用/营业收入来表示; $\mu_{i,t}$ 为残差项。我们选取工具变量方法进行估计。由于考虑到货币供应量具有一定的内生性,我们选取货币供应量的一阶滞后作为工具变量。我们的数据来源是 Wind 数据库。估计结果如下:

表 6-5　服务业内部结构变化回归结果

	传统行业	新兴行业
	lnrevenue	lnrevenue
lnm1×lnreer(-1)	-0.198 *** (-4.80)	-0.264 *** (-3.61)
lnm1	1.283 *** (6.96)	1.326 *** (4.06)
lnreer(-1)	0.651 (1.54)	0.911 (1.23)
lncash	0.369 *** (24.20)	0.524 *** (28.07)

续表

	传统行业	新兴行业
	lnrevenue	lnrevenue
lnfixasset	2. 797 *** (8. 36)	0. 528 *** (3. 09)
leverage	0. 0751 (1. 63)	−0. 000180 (−0. 47)
financialcost	−0. 0873 *** (−11. 83)	−0. 0390 *** (−8. 67)
_cons	−47. 91 *** (−7. 16)	−4. 897 (−1. 14)
N	2223	2016

注:t statistics in parentheses, $^{*}p<0.10$, $^{**}p<0.05$, $^{***}p<0.01$。

从表 6-5 中我们看到:人民币汇率升值通过流动性渠道对不同类型的服务业企业产生了负面的影响,但对传统服务业和新兴服务业的负面影响幅度不同。相对来说,人民币汇率升值通过流动性渠道对新兴服务业的负面冲击更大,人民币汇率每升值 1% 通过流动性渠道使得新兴服务业的产出减少 0.26%。人民币汇率升值通过流动性渠道对传统服务业的负面冲击要稍小,汇率每升值 1%,通过流动性渠道使得传统服务业的产出减少 0.198%。货币供应量增加对新兴服务业产出的增加也有更大的效应。货币供应量每增加 1%,新兴服务业的产出增加 1.326%。相应地,货币供应量增加对传统服务业产出增长的效应相对较小。货币供应量每增加 1%,传统服务业的产出增加 1.283%。lnreer(−1) 的系数不显著。控制变量中,企业持有现金的增加更有利于企业产出的增长。对于新兴行业来说,企业持有的现金量每增加 1%,产出增加 0.52%;对于传统行业来说,企业持有的现金量每增加 1%,企业的产出增加 0.369%。传统行业的固定资产净值的增加比新兴行业固定资产净值的增加更能促进企业的产出增加。对于传统行业,固定资产净值每增加 1%,产出增加 2.80%;对于新兴行业,固定资产净值每增加 1%，产出增加 0.53%，这说明传统行业产出的增加比新兴行业更依赖于固定资产的增加。企业的财务成本过大，对企业产出有负面效应。对于新兴行业，财务成本每增加 1%，产出减少 0.03%，对于传统行业，财务成本每增加 1%，企业产出减少 0.08%。

从上面的实证结果我们看到：人民币汇率升值通过流动性渠道对新兴行业的负面冲击较大，对传统行业的负面冲击较小。这可能是因为，新兴行业中的一些行业，比如科学研究、金融业、软件开发业等比传统行业，如住宿、餐饮业等更依赖于资金的支持。当货币供应量大，流动性充裕时，新兴行业比传统行业发展更快。但当人民币升值，贸易顺差减少，相应的外汇占款减少，央行通过流动性渠道被动投放的流动性减少时，新兴行业受到的负面影响也比传统行业大。因此，人民币升值通过流动性渠道，不利于第三产业/服务业的结构调整、优化和升级。

第五节　人民币汇率升值对产业结构变动的流动性机制

从上面的分析，我们看到：人民币实际有效汇率升值，通过流动性渠道对我国第二产业产出份额产生显著的负面效应，对我国第三产业产出占比则有相反的效应，即人民币汇率升值使得第三产业产出份额增加。人民币汇率升值通过流动性渠道作用于我国的产业结构，总体上有利于我国产业结构的调整和升级。

从地区层面来看，人民币汇率升值通过流动性渠道对我国中、东、西部第二产业产出份额都有负面影响，但各地区的反应程度却有不同。对于东部、中部和西部地区，人民币汇率升值通过流动性渠道使其第二产业产出份额分别下降 0.45%、2.16% 和 0.486%，说明人民币汇率升值通过流动性渠道对中部地区的第二产业产出份额的负面效应最大，对西部和东部地区第二产业产出份额的负面效应相对较小。另外，我们发现：货币供应量增加,对中部地区第二产业产出份额的正向效应最大,货币供应每增加 1%,中部地区的第二产业产出份额增长 10.11%,而东部和西部地区的 $CM1$ 的系数相对较小,货币供应每增加 1%,东部和西部地区的第二产业产出份额增长分别为 2.037% 和 2.398%。这反映了近年来我国制造业中的一部分从东部地区向中部地区转移的趋势。人民币汇率升值通过流动性渠道有利于东部和中部地区第三产业产出份额的增加。因此人民币汇率升值通过流动性渠道作用于产业结构,有利于我国东部和中部地区产业结构的调整和升级。但对于西部地区,人民币汇率升值通过流动性渠道对该地区的第二产业份额和第三产业份额都有负面效应,但对第三产业份额的负面效应更大,因此人民币汇率升值通过流动性渠道作用于我国西部地区的产业结构,总体上不利于我国西部地区产业结构的调整和升级。

人民币汇率升值通过流动性渠道使得第二产业中技术密集型行业受到较大的冲击,产出份额减少,对资本密集型和劳动密集型行业没有太大影响。因此人民币汇率升值通过流动性渠道不利于我国第二产业内部产业结构的调整、优化和升级。

人民币汇率升值通过流动性渠道对第三产业中新兴行业的负面冲击较大,对传统行业的负面冲击较小。人民币汇率升值通过流动性渠道,不利于第三产业/服务业的结构调整、优化和升级。

第六节 三大机制贡献度的比较

上文中,我们证明了人民币汇率升值通过进出口贸易、外商直接投资和流动性渠道对产业结构影响效应的存在,然而,这三个机制中哪个机制的效应更大呢? 在本节中将利用时间序列的方差分解方法研究这一问题。

为了考察人民币汇率升值通过进出口贸易机制、外商直接投资机制、流动性机制对第二、三产业结构的变动效应的贡献度,本节我们用向量自回归(VAR)模型中的方差分解技术来进行分析。对于第二产业的产出结构变化,我们首先建立如下 VAR 模型:

$$VAR(structure2) = (lnreer, lnexport, lnimport, lnfdi, M1, W2)$$

模型中 structure2 是第二产业产出份额,lnreer 是实际有效汇率指数,lnexport 是我国出口额经季节调整后取对数的值,代表出口机制;lnimport 是我国进口额经季节调整后取对数的值,代表进口机制;lnfdi 是外商直接投资额经季节调整后取对数值,代表外商直接投资机制;M1 是货币供应量的增长率,代表流动性机制;W2 是经季节调整的第二产业产出份额。其中进出口额和外商直接投资额按当季汇率换算为人民币,并用以 1995 年 12 月为基期的 CPI 指数调整为实际值。我们研究的时间为 2000 年第一季度至 2013 年第三季度。所有数据来自司尔亚司数据信息有限公司(CEIC)数据库。

类似地,对于第三产业的产出结构变化,我们建立如下 VAR 模型:

$$VAR(structure3) = (lnreer, lnexport, lnimport, lnfdi, M1, W3)$$

模型中 structure3 是第三产业产出份额,lnreer 是实际有效汇率指数,lnexport 是我国出口额经季节调整后取对数的值,代表出口机制;lnimport 是我国进口额经季节调整后取对数的值,代表进口机制;lnfdi 是外商直接投资额经季节调整后取对数值,代表外商直接投资机制;M1 是货币供应量的增长率,代表流动性机制;W3 是经季节调整的第三产业产出份额。其中进出口额和外商直接投资额按当季汇率换算为人民币,并用以 1995 年 12 月为基期的 CPI 指数调整为实际值。

(1)平稳性检验

宏观经济变量大多数都是非平稳的,必须对相关变量的时间序列进行 ADF 平稳性检验。表 6-6 列出了各变量时间序列的 ADF 检验结果,表中符号 Δ 代表一阶差分。表 6-6 中 ADF 检验结果表明:所有变量的水平值都是不平稳的,但它们的一阶差分都平稳。

表 6-6　各变量的时间序列 ADF 检验结果

变量	ADF 统计量	检验形式 (c,t,k)	10%临界值	5%临界值	1%临界值	检验结论
lnreer	1.166308	(c,0,1)	−1.612867	−1.947119	−2.609324	不平稳
Δlnreer	−4.703884	(c,0,0)	−1.612867	−1.947119	−2.609324	平稳
lnexport	−1.686748	(c,0,1)	−2.596689	−2.917650	−3.560019	不平稳
Δlnexport	−4.502582	(c,0,0)	−2.596689	−2.917650	−3.560019	平稳
lnimport	−2.056660	(c,0,0)	−2.596116	−2.916566	−3.557472	不平稳
Δlnimport	−5.555423	(c,0,0)	−2.596689	−2.917650	−3.560019	平稳
lnfdi	−2.572032	(c,0,0)	−2.596116	−2.916566	−3.557472	不平稳
Δlnfdi	−7.715814	(c,0,0)	−2.596689	−2.917650	−3.560019	平稳
M1	−0.882437	(c,0,3)	−2.597905	−2.019952	−3.565430	不平稳
ΔlnM1	−1.071026	(c,0,4)	−1.612650	−1.947520	−2.612033	平稳
W2	−0.961643	(c,0,0)	−1.1612934	−1.946996	−2.608490	不平稳
ΔW2	−6.435902	(c,0,0)	−1.612867	−1.947119	−2.609324	平稳
W3	2.498259	(c,0,0)	−1.612934	−1.946996	−2.608490	不平稳
ΔW3	−5.561815	(c,0,0)	−1.612867	−1.947119	−2.609324	平稳

注:检验形式中,c 代表有常数项,t 代表有时间趋势项,k 代表滞后阶数。

（2）协整检验

由于只有当模型中变量之间存在协整关系时,时间序列的回归才是有效的。因此,我们首先要检验变量之间是否存在协整关系。

本书采用 Johansen 极大似然估计法,分别对上述两个模型进行检验,检验是滞后期的选择全部根据 AIC 准则确定。表 6-7、表 6-8 报告的协整检验结果表明,两组变量都在 5%的显著性水平上拒绝了不存在协整关系的原假设。因此,通过协整检验可以判断,这两组变量之间存在着长期稳定关系。

表 6-7 lnreer、lnexport、lnimport、lnfdi、M1、W2 之间协整关系检验

假定的协整关系个数	特征值	迹统计量	5%临界值	P 值
None*	0.606990	134.8102	117.7082	0.0027
Atmost1	0.519896	86.24637	88.80380	0.0754
Atmost2	0.299001	48.09128	63.87610	0.5014
Atmost3	0.218219	29.61834	42.91525	0.5249
Atmost4	0.169026	16.81693	25.87211	0.4287
Atmost5	0.129116	7.188809	12.51798	0.3252

表 6-8 lnreer、lnexport、lnimport、lnfdi、M1、W3 之间协整关系检验

假定的协整关系个数	特征值	迹统计量	5%临界值	P 值
None*	0.518407	99.60501	95.75366	0.0264
Atmost1	0.416041	60.88024	69.81889	0.2093
Atmost2	0.256336	32.37020	47.85613	0.5917
Atmost3	0.184338	16.67342	29.79707	0.6640
Atmost4	0.101960	5.874368	15.49471	0.7103
Atmost5	0.003291	0.174688	3.841466	0.6760

(3)预测方差分解

表 6-9 是第二产业产出份额(W2)的预测方差分解结果。从表 7-4 中我们看到,在进出口、外商直接投资、流动性这几个汇率影响第二产业产出份额的机制中,进口贸易对第二产业产出份额的贡献度最大,在第一期为 20.88%,但随着时间的推移,其贡献度呈下降趋势,到第十期仅为 11.55%。外商直接投资对第二产业产出份额比重的贡献度也相对较大,并且贡献度随着时间的推移逐渐增强,在第一期为 9.48%,到第十期达到 12.94%。出口贸易和流动性对第二产业产出份额的贡献度最低,在第一期分别为 1.43% 和 0.56%,在第十期也仅为 1.81% 和 1.91%。

表6-9 W2 的预测方差分解 　　　　　　　（单位:%）

Period	S.E.	lnreer	lnexport	lnimport	lnfdi	M1	W2
1	0.020389	0.627632	1.427349	20.88362	9.484548	0.555018	67.02183
2	0.032549	11.02132	6.446288	28.61380	6.646524	1.531652	45.74042
3	0.041799	25.76050	4.970230	28.04018	5.711310	1.356356	34.16143
4	0.048784	37.55747	3.951538	23.95887	5.843573	1.336592	27.35196
5	0.054613	46.08133	3.211882	19.83694	6.895910	1.683207	22.29073
6	0.059608	52.14267	2.685343	16.53538	8.314855	1.742434	18.57932
7	0.063985	56.21194	2.309096	14.12361	9.679663	1.885145	15.79054
8	0.067807	58.75436	2.059479	12.62234	10.91223	1.909172	13.74242
9	0.071136	60.13225	1.901155	11.81542	11.99187	1.940652	12.21865
10	0.074025	60.71848	1.810820	11.54759	12.93695	1.914479	11.07168

表6-10是第三产业产出份额(W3)的预测方差分解结果。从表6-10中我们看到:在进出口、外商直接投资、流动性这几个人民币汇率影响第三产业产出份额的机制中,进口贸易对第三产业产出份额的贡献度最大,在第一期达到32.12%,但随着时间的推移,其贡献度呈下降趋势,到了第十期,下降到19.85%。外商直接投资对第三产业产出份额比重的贡献度也相对较大,并且贡献度随着时间的推移逐渐增强,第一期为28.27%,第十期达到13.03%。出口贸易和流动性对第三产业产出份额的贡献度最低,在第一期分别为0.34%和0.0000624%,在第十期分别为8.05%和0.59%。

表6-10 W3 的预测方差方差分解 　　　　　（单位:%）

Period	S.E.	lnreer	lnexport	lnimport	lnfdi	M1	W3
1	0.019782	0.174924	0.340009	32.12787	28.27074	6.24E-05	39.08640
2	0.031825	4.570874	0.668129	40.86058	21.53276	0.060845	32.30681
3	0.040568	15.05102	0.603915	41.23611	17.16814	0.363842	25.57697
4	0.047237	25.91962	1.362300	36.81550	14.31925	0.597162	20.98617
5	0.052845	34.59115	2.642428	31.54910	12.46369	0.738255	18.01537

续表

Period	S.E.	lnreer	lnexport	lnimport	lnfdi	M1	W3
6	0.057710	40.69195	4.029672	27.10257	11.46054	0.761542	15.95372
7	0.062026	44.56844	5.321249	23.84086	11.15868	0.739569	14.37121
8	0.065844	46.69298	6.434622	21.71156	11.41051	0.691190	13.05914
9	0.069220	47.55418	7.342204	20.47297	12.07513	0.638713	11.91680
10	0.072197	47.56838	8.053220	19.85161	13.03473	0.587555	10.90451

　　从上面的分析我们看到:人民币汇率升值,主要通过进口贸易机制对我国产业结构产生重大影响,其次是通过外商直接投资机制,而通过出口贸易和流动性机制对我国产业结构调整的效应相对较弱。人民币汇率升值,使得进口成本,特别是进口一些资本和技术密集型产品的成本降低,有利于我国相关行业提高劳动生产率,推动我国产业结构调整和升级。而人民币升值使得外商直接投资成本上升,减少了劳动密集型行业的外商直接投资,有利于引导外商直接投资投向更高端的资本和技术密集型行业,有利于推动我国产业结构的调整和升级。

第七章 人民币汇率升值对我国产业结构调整、升级和产业区域转移的效应和机制

第一节 人民币汇率升值对我国产业结构调整、升级和产业区域转移的效应和机制

本书研究了人民币汇率升值对我国产业结构调整、升级的效应、产业的区域转移效应以及可能的作用机制。

首先,本书利用时间序列单位检验、协整检验、向量自回归方法、面板数据等实证方法对人民币汇率升值是否对我国产业结构调整和升级效应进行研究,结果表明:人民币汇率升值对我国第二产业产出份额产生负面影响,对第三产业产出份额产生正面效应,并且这种影响的产生有一定的时期滞后。从地区层面来看,人民币汇率升值,对东部地区第二产业的负面影响最小,对中、西部的影响相对较大;对东部地区的第三产业的正面效应最小,对中、西部的效应相对较大。我国地区之间梯级的产业结构形态正在形成。从行业内部结构来看,在 2005 年汇率改革后,人民币实际有效汇率升值,第二产业内部结构发生了相应的变化。第二产业中的劳动密集型行业受到的人民币汇率升值的负面冲击较大,产出减少较多;资本密集型行业受到的负面冲击程度次之;技术密集型行业基本不受影响。短期来看,人民币实际有效汇率升值对劳动密集和资本密集型行业有负面影响,但从长期来看,人民币汇率升值

有利于使有限的资源由劳动密集型行业向资本和技术密集型行业以及其他行业流动,有利于我国第二产业内部结构的调整和升级。对于第三产业,传统行业对汇率升值并不敏感,而新兴行业的产出会随着人民币实际有效汇率升值而增加;第三产业中的消费性服务业对人民币汇率升值不敏感,而生产性服务业的产出会随着人民币实际有效汇率升值而增加。因此,人民币汇率升值有利于第三产业内部结构的调整和升级。

随后,本书对人民币汇率升值对产业结构调整和升级以及产业转移的机制进行了研究。本书认为人民币汇率升值通过三个渠道作用于产业结构:一个是进出口贸易渠道;一个是外商直接投资渠道;一个是流动性渠道。

一、进出口贸易渠道

从全国层面看,人民币汇率升值通过出口渠道对第二产业产出份额有负面作用,却对第三产业产出份额有正面作用。因此,人民币汇率升值通过出口渠道促进了我国第二、三产业之间的结构调整。人民币汇率升值,通过进口渠道对第二产业产出比重有负向影响,并且如果进口占 GDP 的比重越大,第二产业产出比重受到的负面影响就越大,对第三产业产出的比重有显著的正向影响。因此,人民币汇率升值通过进口渠道有助于我国产业结构的调整和升级。

从地区层面看,对于东部地区,人民币实际有效汇率升值通过出口渠道对该地区的第二产业产出占 GDP 的份额产生显著的负面影响,对第三产业产出占 GDP 份额的影响不显著。从进口渠道来看,人民币实际有效汇率升值通过进口渠道对东部地区的第二产业产出占 GDP 份额产生显著的负向影响,对东部地区第三产业产出份额产生显著的正向影响,人民币实际有效汇率升值通过进出口渠道有利于东部地区的产业结构升级。对于中部地区,人民币实际有效汇率通过出口渠道对该地区第二产业产出份额有显著的负面影响,对该地区第三产业的产出份额有显著的正面效应。因此,人民币实际有效汇率升值通过出口渠道,有利于中部地区产业结构调整和升级。从进口渠道看,人民币实际有效汇率通过进口渠道对中部地区第二产业产出占 GDP 的份额的效应并不显著,对该地区第三产业的产出份额有显著的负面效应。我们还发现,人民币汇率升值对中部地区第二产业产出份额有正向效应,汇率每升值 1%,则第二产业产出份额增加 0.309%。因此,当人民币汇率升值时,使得东部地区本已日渐丧失比较优势的劳动密集型行业受到更大的冲击,迫使部分企业转移到我国具有劳动力比较优势的中部地区,因而中部地区的第二产业产出份额增加。这充分反映了我国部分劳动密集型行业从东部向中部转移的趋势,我国的产业梯级结构正在形成。对于西部地区,人民币汇率升值通过出口和进口渠道对西部地区第二产业和第三产业份额并没有显著的影响。

从第二产业/制造业内部结构来看,人民币汇率升值通过出口贸易渠道对不同生产要素密集度行业的产出占比有不同的效应:资本密集型行业的产出占比增加,技术密集型行业产出占比减少,劳动密集型行业不受影响。资本密集型行业产出占比的增加,表明人民币汇率升值通过出口渠道对制造业内部结构的调整有一定积极作用。人民币汇率升值通过进口渠道对技术密集型行业产生显著的负面效应,对资本密集型和劳动密集型行业的产出没有显著的影响。这说明人民币汇率升值通过进口渠道对第二产业内部结构有负面影响,不利于我国第二产业内部的结构调整和升级。

二、外商直接投资渠道

总体来看,人民币汇率升值通过外商直接投资渠道使得第二产业产出份额下降,使得第三产业产出份额上升。即人民币汇率升值通过外商直接投资渠道有利于我国产业结构调整。

从地区层面看,对于东部地区,人民币汇率升值通过外商直接投资

渠道的作用,该地区第二产业产出份额减少,第三产业产出份额增加,因此人民币汇率升值通过外商直接投资渠道有利于东部地区的产业结构调整和升级。对于中部地区,人民币汇率升值通过外商直接投资渠道对该地区第二产业产出份额和第三产业产出份额都没有显著的影响,因此人民币汇率升值通过外商直接投资渠道对中部地区的产业结构调整和升级没有明显的效应。对于西部地区,人民币汇率升值通过外商直接投资渠道对该地区第二产业产出份额有显著的正面效应,对第三产业产出份额没有显著的影响。

从第二产业内部结构来看,由于对制造业内部细分行业的外商直接投资数据非常有限,我们仅能获取纺织业、化学原料及化学制品制造业、医药制造业、通用设备制造业、专用设备制造业共计五个行业的外商直接投资数据。我们仅对人民币汇率升值通过 FDI 渠道对这几个行业的产出效应进行分析,综合起来看,对于化学原料和化学制品业,由于人民币汇率升值,流入该行业的外商直接投资会受到负面冲击,而外商直接投资对该行业的产出有负面冲击,因此,当外商直接投资由于人民币汇率升值而减少时,可能对该行业的产出有正面效应。对于通用设备制造业,由于人民币汇率升值,流入该行业的外商直接投资受到的负面冲击较小,而当外商直接投资增加时,该行业的产出有较大幅度的增长。因此,人民币汇率升值通过外商直接投资渠道对通用设备制造业产出有一定负面效应,但负面效应不大。对于医药制造业,当人民币汇率升值时,对医药业的外商直接投资短期内有较大的负面效应,而外商直接投资的增加对该行业的产出有较大的正向冲击,因此,短期内,人民币汇率升值通过外商直接投资渠道对医药业的产出有较大的负面冲击。对于专用设备制造业,在人民币汇率升值时,其外商直接投资受到的负面冲击较小,而外商直接投资增加,在短期内能促进其产出的增加,但从长期来看,对该行业的产出有负面效应,因此人民币汇率升值通过外商直接投资渠道对该行业的产出短期内有负面影响,长期内有正面影响。对于纺织业,人民币汇率升值对该行业的外商直接投资的负面冲击较大并且持续时间较长,但纺织业的产出在外商直接投资增加时产生的正面效应较小,因此在较长时期内,人民币汇率升值通过外商直接投资渠道对纺织业的产出有一定幅度的负面影响。

从第三产业内部结构来看,人民币汇率升值通过外商直接投资渠道对传统行业占第三产业的比重没有显著的影响,但却对新兴行业占第三产业的比重有显著的正向作用。人民币汇率升值有利于我国第三产业内部结构的调整和升级。

三、流动性渠道

总体来看,人民币实际有效汇率升值,通过流动性渠道对我国第二产业产出份额产生显著的负面效应,对我国第三产业产出占比则有相反的效应,即人民币汇率升值使得第三产业产出份额增加。人民币汇率升值通过流动性渠道作用于我国的产业结构,总体上有利于我国产业结构的调整和升级。

从地区层面来看,人民币汇率升值通过流动性渠道对我国中、东、西部第二产业产出份额都有负面影响,但各地区的反应程度却有不同。人民币汇率升值通过流动性渠道对中部地区的第二产业产出份额的负面效应最大,对西部和东部地区第二产业产出份额的负面效应相对较小。另外,我们发现:货币供应量增加,对中部地区第二产业产出份额的正向效应最大,对东部和西部地区的第二产业产出份额的正向效应相对较小。这反映了近年来我国的制造业中的一部分从东部地区向中部地区转移的趋势。人民币汇率升值通过流动性渠道有利于东部和中部地区第三产业产出份额的增加。因此人民币汇率升值通过流动性渠道作用于产业结构,有利于我国东部和中部地区产业结构的调整和升级。但对于西部地区,人民币升值通过流动性渠道对该地区的第二产业份额和第三产业份额都有负面效应,其中,对第三产业份额的负面效应更大,因此人民币汇率升值通过流动性渠道作用于我国西部地区的产业结构,总体上不有利于我国西部地区产业结构的调整和升级。

人民币汇率升值通过流动性渠道使得技术密集型行业受到较大的冲击,产出份额减少,对资本密集型和劳动密集型行业没有太大影响。因此人民币汇率升值通过流动性渠道不利于我国第二产业内部产业结构的调整、优化和升级。

人民币汇率升值通过流动性渠道对第三产业中新兴行业的负面冲击较大,对传统行业的负面冲击较小。人民币汇率升值通过流动性渠道,不利于第三产业/服务业的结构调整、优化和升级。

最后,我们用向量自回归(VAR)模型中的方差分解技术方法,考察了人民币汇率升值通过进出口贸易渠道、外商直接投资渠道、流动性渠道对第二、三产业结构的变动效应的贡献度。我们发现:人民币升值,对我国产业结构调整贡献度最大的是进口贸易,其次是外商直接投资,出口贸易和流动性渠道对我国产业结构调整的效应相对较弱。人民币汇率升值,使得进口成本,特别是进口一些资本和技术密集型产品的成本降低,有利于我国相关行业提高劳动生产率,推动我国产业结构调整和升级。而人民币汇率升值使得外商直接投资成本上升,减少了劳动密集型行业的外商直接投资,有利于引导外商直接投资投向更高端的资本和技术密集型行业,有利于推动我国产业结构的调整和升级。

第二节　政　策　建　议

根据前文的分析,人民币汇率水平的变动,通过影响对外贸易引致经济增长的变化,通过影响对外贸易结构、出口部门的结构影响产业结构;通过影响外商直接投资的成本改变外商直接投资的流向而影响产业结构;通过影响央行被动投放的货币供应量而影响产业结构。这所有现象之后最核心的动因是:汇率作为一个重要的价格,其变动影响了产业之间、地区之间的资源禀赋及资源配置,引致产业结构的变动和产业在区域之间的转移。

有鉴于此,我们提出以下几点政策建议:

一、深化汇率体制改革,逐步扩大汇率浮动区间,增加汇率弹性,让市场在汇率水平的决定力量中起主导作用

汇率作为重要的价格信号,汇率的变动能够影响国内生产要素相对价格的变动,影响资源的配置。长期以来,我国人为地压低人民币的汇率,促进了对外贸易部门的繁荣,中国成为"世界工厂",但同时也带来了严重的价格扭曲、要素配置的低效等问题,使得我国对外部门和国内部门之间的不平衡越来越严重。通过深化汇率体制改革,使得汇率更具弹性,让市场发挥对汇率水平的影响,辅之以央行的适当调控,坚持"有管理的浮动"管理模式,既能发挥市场的作用实现对资源的有效配置,也能避免人民币汇率的大幅波动带来的种种不确定性和对宏观经济的冲击,使得我国对外部门和国内部门不平衡发展的问题得以纠正。

二、汇率制度的设计,需配合相关的产业政策

在设计汇率制度改革方案时,应兼顾汇率制度改革对不同行业的影响,并辅之以相关的产业政策,鼓励有条件的劳动密集型企业加大资本投入和研发投入,提高生产效率,增加产品的附加值;鼓励资本密集型企业和技术密集型企业利用人民币升值使进口成本降低的有利条件,积极引进国外的先进设备和技术,促进制造业的技术进步和产业结构的调整和升级。

三、积极参与国际市场竞争,提升我国出口产品的技术含量和附加值

我国应鼓励出口企业通过引进先进的技术和管理经验,提升产品

的技术含量和附加值,通过引导出口结构的升级,带动国内整体产业结构的升级。

四、引导外商直接投资投向资本和技术密集型行业和新兴行业

外商直接投资对工业行业内部有技术溢出效应,特别是对资本和技术密集型的行业有较大的技术溢出效应;此外,外商直接投资对第三产业/服务业内部有知识和管理经验的溢出效应。因此,应该通过引导外商直接投资投向资本和技术密集型行业,以及新兴服务业、生产性服务业,以此推动我国的产业结构升级。

五、货币政策和汇率变动需相互配合

在制定货币政策时充分考虑到货币政策对汇率的影响,以及汇率升值对货币政策的冲击,努力提高货币政策的独立性和有效性。

六、引导产业在区域间转移,形成我国地区之间梯级的产业形态,促进我国中、西部的经济发展,缩小同东部地区的差距

我国正处在产业结构调整和变动的时期。我国各地区应该根据各自的资源禀赋,扬长避短发展当地经济。同时,地区之间要有合理的产业分工和协作。各地区在发展经济的同时,也要兼顾本地的环境保护、基础设施等条件,并建立相应的管理手段。此外,我们也应通过产业在我国东中西部地区的布局调整,协调东部地区的产业升级转移与中西部地区的产业承接,促进各地区经济的协调发展和平稳增长。

参 考 文 献

[1]巴曙松、王群:《人民币实际有效汇率对我国产业、就业结构影响的实证分析》,《财经理论与实践》2009 年第 30 期。

[2]陈虹:《中国贸易结构与产业结构关系的实证研究——基于 1980—2008 年的结构变动指标数据分析》,《经济论坛》2010 年第 5 期。

[3]程瑶、于津平:《人民币汇率波动对外商直接投资影响的实证分析》,《世界经济研究》2009 年第 3 期。

[4]法文宗:《外汇储备快速增长对我国货币政策独立性的影响》,《亚太经济》2010 年第 4 期。

[5]范志芳、张立军:《中国地区金融结构转变与产业结构升级研究》,《金融研究》2003 年第 11 期。

[6]封思贤:《人民币实际有效有效汇率的变化对我国进出口的影响》,《数量经济技术经济研究》2007 年第 4 期。

[7]傅进、吴小平:《金融影响产业结构调整的机理分析》,《金融纵横》2005 年第 2 期。

[8]何光辉、杨咸月:《融资约束对企业生产率的影响》,《数量经济技术经济研究》2012 年第 5 期。

[9]贺力平:《人民币实际有效汇率与近年来中国经常账户顺差》,《金融研究》2008 年第 3 期。

[10]黄静波、曾昭志:《人民币汇率波动对我国 FDI 流入的影响》,《国际金融研究》2010 年第 5 期。

[11]黄宪:《现行国际货币体系与我国货币供给内生性》,《中南财经政法大学学报》2009 年第 4 期。

[12]李利:《人民币汇率变动对我国产业结构调整的影响研究》,湖南大学博士学位论文 2012 年。

[13]李荣林、姜茜:《进出口贸易结构对产业结构的影响分析》,《经济与管理研究》2010 年第 4 期。

[14]李新:《地方税收体制改革:基于调节我国产业结构的视角》,《扬州大学税务学

院学报》2006 年第 12 期。

　　[15]李悦:《产业经济学》,中国人民大学出版社 1998 年版。

　　[16]林丽梅:《人民币升值对产业结构变动影响的实证分析》,《科学技术与工程》2011 年第 11 卷第 7 期。

　　[17]林亚楠:《地方财政保护对区域产业结构差异的影响及政策建议》,《统计与决策》2010 年第 5 期。

　　[18]卢万青、袁申国:《人民币汇率对我国产业结构影响的实证研究》,《经济问题探索》2009 年第 11 期。

　　[19]卢向前、戴国强:《人民币实际汇率波动对我国进出口的影响:1994—2003》,《经济研究》2005 年第 5 期。

　　[20]沈国兵:《美中贸易收支与人民币汇率:实证研究》,《当代财经》2005 年第 1 期。

　　[21]孙晓华、王昀:《对外贸易结构带动了产业结构升级吗?——基于半对数模型和结构效应的实证检验》,《世界经济研究》2013 年第 1 期。

　　[22]孙中叶:《改革开放以来中国产业结构演进与贸易结构转换的绩效分析》,《生产力研究》2011 年第 6 期。

　　[23]谭小波、张丹:《我国货币供给内生性的实证分析——基于外汇储备对基础货币的影响》,《经济研究导刊》2010 年第 14 期。

　　[24]王岳平:《开放条件下的工业结构升级》,经济管理出版社 2004 年版。

　　[25]王泽填、姚洋:《结构转型与巴拉萨——萨缪尔森效应》,《世界经济》2009 年第 4 期。

　　[26]徐明东:《人民币实际汇率变动对我国进出口贸易影响:1997—2006》,《财经科学》2007 年第 5 期。

　　[27]徐伟呈、范跃进:《人民币汇率与 FDI 关系的实证研究》,《国际商务:对外经济贸易大学学报》2010 年第 1 期。

　　[28]闫国庆等:《我国加工贸易战略转型及政策调整》,《经济研究》2009 年第 5 期。

　　[29]叶永刚、胡利琴和黄斌:《人民币实际有效汇率和对外贸易收支的关系——中美和中日双边贸易收支的实证研究》,《金融研究》2006 年第 4 期。

　　[30]于津平:《汇率变化如何影响外商直接投资》,《世界经济》2007 年第 4 期。

　　[31]袁欣:《中国对外贸易结构与产业结构:"镜像"与"原像"的背离》,《经济学家》2010 年第 6 期。

　　[32]张帆、郑京平:《跨国公司对中国经济结构和效率的影响》,《经济研究》1999 年第 1 期。

　　[33]张会清、王剑:《全球流动性冲击对中国经济影响的实证研究》,《金融研究》2011 年第 3 期。

　　[34]张若雪:《人力资本、技术采用与产业结构升级》,《财经科学》2010 年第 2 期。

　　[35]赵晋平:《利用外资与中国经济增长》,人民出版社 2001 年版。

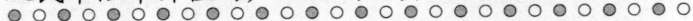

[36]赵岩、范文祥、杨菁：《贸易结构对三次产业升级的作用分析》，《中央财经大学学报》2012年第4期。

[37]喆儒：《产业升级——开放条件下中国的政策选择》，中国经济出版社2006年版。

[38]周光友、邱长溶：《经济增长、引进外资与中国工业化》，《统计与决策》2005年第12期。

[39]蔡昉、王德文、曲玥：《中国产业升级的大国雁阵模型分析》，《经济研究》2009年第9期。

[40]张建华：《基于新型工业化道路的工业结构优化升级研究》，中国社会科学出版社2012年版。

[41]沃尔特·恩德斯：《应用计量经济学：时间序列分析》，机械工业出版社2012年版。

[42]J.M.伍德里奇：《计量经济学导论》，人民大学出版社2006年版。

[43]孙霄翀、刘士余、宋逢明：《汇率调整对外商直接投资的影响：基于理论和实证的研究》，《数量经济技术经济研究》2006年第8期。

[44]赵文军、于津平：《贸易开放、FDI与中国工业经济增长方式——基于30个工业行业数据的实证研究》，《经济研究》2012年第8期。

[45]陈刚、刘珊珊：《产业转移理论研究：现状与展望》，《当代财经》2006年第10期。

[46]车冰清、沈正平、李敏：《国内外产业专业转移研究进展及其近今趋向》，《世界地理研究》2010年第12期。

[47]尹磊：《西部地区承接东部产业转移的相关问题及对策研究》，《改革与战略》2010年第7期。

[48]戴宏伟、王云平：《产业转移与区域产业结构调整的关系分析》，《当代财经》2008年第2期。

[49]王剑、刘玄：《货币政策传导的行业效应研究》，《财经研究》2005年第5期。

[50]刘秉镰、刘勇：《我国区域产业结构升级能力研究》，《开放导报》2006年第12期。

[51]李轶敏：《国外产业转移研究的理论综述》，《湖南工程学院学报》2009年第6期。

[52]叶蓁：《中国货币政策产业异质性及其决定因素——基于上市公司面板数据的实证分析》，《财经论丛》2010年第1期。

[53]张继焦：《中国东部与中西部之间的产业转移影响因素分析》，《贵州社会科学》2011年第1期。

[54]杨达：《中国货币政策的产业非对称效应——基于门限向量自回归模型的实证研究》，《东北大学学报（社会科学版）》2011年第9期。

[55]王帅林：《人民币汇率波动对我国货币供给影响的机制探析》，《西安财经学院学

报》2012 年第 5 期。

　　［56］曹永琴：《中国货币政策行业非对称效应研究》，《上海经济研究》2011 年第
1 期。

　　［57］郭琪：《产业结构调整中的政策效应：财政诱导与金融跟进》，《广东金融学院学
报》2011 年第 11 期。

　　［58］王海军：《FDI 与中国产业结构变迁：协整检验与分析》，《技术经济》2009 年第
9 期。

　　［59］李雪：《外商直接投资的产业结构效应》，《经济与管理研究》2005 年第 1 期。

　　［60］郭克莎：《外商直接投资对我国产业结构的影响研究》，《管理世界》2000 年第
20 期。

　　［61］毕吉耀、张岸元、陈长缨等：《人民币汇率：历史、现状和未来》，人民出版社 2013
年版。

　　［62］黄晓东：《人民币汇率制度与汇率水平问题研究》，中国经济出版社 2014 年版。

　　［63］王辉、严武：《股票融资、股市周期约产业结构升级研究》，经济科学出版社 2014
年版。

　　［64］Akamatsu K.，"A Historical Pattern of Economic Growth in Developing Countries"，
Developing Economies，Vol.1（supplement），1962.

　　［65］Ari Kokko R.Tansini& M.C.Zejan，"Local Technological Capability and Productivity
Spillovers from FDI in the Uruguayan Manufacturing Sector"，*The Journal of Development
Studies*，Vol.32，No.4，1996.

　　［66］Baggs J.，Beaulieuand E.，Fung L.，"Firm Survival，Performance and the Exchange
Rate"，*Canadian Journal of Economics*，Vol.42，2009.

　　［67］Bahmani-Oskooee M. & Ratha.，"Dynamics of the U. S. Trade with Developing
Countries"，*Journal of Developing Areas*，Vol.37，2004.

　　［68］Baldwin，Krugman.，"Persistent Trade Effects of Large Exchange Rate Shocks"，*The
Quarterly Journal of Economics*，Vol.104，No.4，1989.

　　［69］Barth，M.J.& Ramey，V.A.，"The Cost Channel of Monetary Transmission"，NBER
Working Paper，No.7675，2000.

　　［70］Blonigen，B.A.，"Firm-Specific Assets and the Link between Exchange Rates and
Foreign Direct Investment"，*American Economic Review*，Vol.87，No.3，1997.

　　［71］Boyd D.，"Real Exchange Rate Effects on the Balance of Trade"，*International
Journal of Finance and Economics*，Vol.6，2001.

　　［72］Carlino，G and DeFina，R.，"The Differential Regional Effects of Monetary Policy"，
The Review of Economics and Statistics，Vol.80，No.4，1998.

　　［73］Choudhry，T.，"Exchange Rate Volatility and the United States Exports：Evidence from
Canada and Japan"，*Japanese Int.Economies*，Vol.19，No.1，2005.

[74] Clarida, R., "The Real Exchange Rate, Exports, and Manufacturing Profits: A Theoretical Framework with some Empirical Support", BER Working Paper, No.3811, 1991.

[75] Cornell, "Money Supply Announcements, Interest Rate and Foreign Exchange", *Journal of International Money and Finance*, No.1, 1982.

[76] Engel C. and J. Frankel, "Why Interest Rates React to Money Announcements: An Explanation From the Foreign Exchange Market", *Journal of Monetary Economics*, Vol.13, No.1, 1984.

[77] Ergas, H., *Does Technology Policy Matter? Technology and Global Industry*, Washington, D.C.: National Academic Press, 1986.

[78] Freedman C., "Recent Developments in the Framework for the Conduct of Monetary Policy in Canada", *Canadian Business Economics*, Vol.8, No.3, 2001.

[79] Froot, Kenneth and Jeremy Stein, "Exchange Rates and Foreign Direct Investment: An Imperfect Capital Markets Approach", *Quarterly Journal of Economics*, Vol.106, 1991.

[80] Ganley, J. & Salmon, C., "The Industrial Impact of Monetary Policy Shocks: Some Stylized Facts", Bank of England Working paper, No.68, 1997.

[81] Gereffi, "International Trade and Industrial Uprgrading in the Apparel Commodity Chain", *Journal of International Economics*, 1999, Vol.48.

[82] H.Chenery, and A.Strout, "Foreign Sssistance and Economic Development", *American Economic Review*, Vol.9, 1966.

[83] Hardouvelis G.A., "Exchange Rates, Interest Rate, and Money Stock Announcements: A Theoretical Exposition", *Journal of International Money and Finance*, Vol.4, No.4, 1985.

[84] Hooper, P., Kohlhagen, S., "The Effects of Exchange Rate Uncertainty on the Prices and Volume of International Trade", *Journal of International Economics*, Vol.8, 1978.

[85] Jen Baggs, Eugene Beaulieu, Loretta Fung, "Are Service Firms Affected by Exchange Rate Movements", *Review of Income and Wealth*, Vol.56, No.7, 2010.

[86] Juann Hung, "Assessing the Exchange Rate's Impact on US Manufacturing Profits", *Quarterly Review*, Federal Reserve Bank of NY, 1992, winter.

[87] K.Ekholm, A.Moxnes, K.lltveit_Moe, "Manufacturing Restructuring and the Role of Real Exchange Rate Shocks", *Journal of International Economics*, Vol.86, 2012.

[88] Kohlhagen, S. W., "Exchange Rate Changes, Profitability, and Direct Foreign Investment", *Southern Economic Journal*, 1977.

[89] Kojima, Kiyoshi, "The 'Flying Geese' Model of Asian Economic Development: Origin, Theoretical Extensions, and Regional Policy Implications", *Journal of Asian Economics*, 2000 (11).

[90] Kongsamut, P.S.Revelo, and D.Xie, "Beyond Balanced Growth", *Review of Economics Studies*, 2001 (68).

［91］Lioyd P. *The CER：An Assessment. Paper Presented to the First Annual Conference on International Trade Education and Research*, University of Melbourne, 1996.

［92］McCulloch, R., "Japanese Investment in the United States", in D. Audretsch and M. Claudon eds., *The Internationalization of U. S. Markets*, New York, New York University Press, 1989.

［93］Michaely M., "Export and Growth：An Empirical Investigation", *Journal of Development Economics*, 1997(4).

［94］Peter C. Y. Chow, "Causality between Export Growth and Industrial Development：Empirical Evidence from the NICs", *Journal of Development Economics*, 1987(26).

［95］Poon T. Shuk-Ching, "Beyond the Global Production Networks：A Case of Further Upgrading of Taiwan's Information Technology Industry", *International Journal of Technology and Globalisation*, 2004, 1(1).

［96］R. E. Caves, "Multinational Firms, Competition, and Productivity in Host-country Markets", *Economica, New Series*, 1974, 41(162).

［97］Raddatz, C. and Rigobon, R., "Monetary Policy and Sectoral Shocks：Did the Fed React Properly to the High-tech crisis?", NBER Working Paper, No.9835.

［98］Rose, AK, "The Role of Exchange Rates in a Popular Model of International Trade：Does the 'Marshall-Lerner' Condition Hold?", *Journal of International Economics*, Vol. 30, No. 4, 1991.

［99］Rueber G L, Crookell H Emerson M, Gallais-Hamonno G, *Private Foreign Investment in Development*, Oxford：Clarendon Press, 1973.

［100］Solow, "A Contribution to the Theory of Economic Growth", *Quarterly Journal of Economics*, Vol. 70, 1956.

［101］Trevino, L., Grosse, R., "An Analysis of Firm-Specific Resources and Foreign Direct Investment in the United States", *International Business Review*, Vol. 11, No.4, 2002.

［102］Vernon, R., "International Investment and International Trade in the Product Cycle", *Quarterly Journal of Economics*, Vol. 80, No.2, 1966.

［103］Whitmore, K. et al., "Foreign Direct Investment from Newly Industrialized Economies", Working Paper, Washington DC：World Bank Industry and Energy Dept, 1989, No.22.

［104］Xing, Zhao, "Reverse Imports, Foreign Direct Investment and Exchange Rates", *Japan and the World Economy*, Vol.20, No.2, 2008.

［105］Xing, Y. and Wan, G., "Exchange Rates and Competition for FDI", *The World Economy*, Vol.17, 2006.

后　记

　　本书初步成稿于 2013 年，是在我的博士论文基础上修改完善而成。在此，我要特别感谢我的导师干杏娣教授。我在复旦求学期间，从知识的积累到论文的开题、论文大纲和框架的修改及确定、论文的最后定稿，都倾注了干老师大量的心血。每周一次的论文讨论，让我受益匪浅，也让我感叹干老师学识的渊博、目光的敏锐、对学术的严谨、对学生的严格要求。生活上，干老师对我们又是那么关心。常常跟干老师聊生活上遇到的问题、聊家庭，有感于干老师的那种豁达、泰然处之的生活态度，这是人生的智慧。干老师是我学术上的良师，亦是我生活中的益友。我要感谢云南大学的领导和同事们，没有他们的支持，我不可能在复旦潜心学习。我还要感谢云南省哲学社会科学学术著作出版专项经费资助项目、云南大学金融学专业综合改革试点项目（项目编号：WX162162）和云南大学引智计划项目（项目编号：C6610201）的资金支持，没有这些项目的支持，本书不可能出版。最后，还要感谢我的家人对我多年的支持，没有家人的鼓励、安慰和帮助，我不可能完成这本书。

陈　锐

2017 年 7 月 21 日

策划编辑:郑海燕
责任编辑:张　燕
装帧设计:林芝玉
责任校对:吕　飞

图书在版编目(CIP)数据

人民币汇率升值的产业结构及其区域转移效应研究/陈锐 著. —北京:
　人民出版社,2017.12
ISBN 978 - 7 - 01 - 018551 - 4

Ⅰ.①人…　Ⅱ.①陈…　Ⅲ.①人民币汇率-研究　Ⅳ.①F832.63

中国版本图书馆 CIP 数据核字(2017)第 281482 号

人民币汇率升值的产业结构及其区域转移效应研究
RENMINBI HUILÜ SHENGZHI DE CHANYE JIEGOU JIQI QUYU ZHUANYI XIAOYING YANJIU

陈　锐　著

人 民 出 版 社 出版发行
(100706　北京市东城区隆福寺街 99 号)

环球东方(北京)印务有限公司印刷　新华书店经销

2017 年 12 月第 1 版　2017 年 12 月北京第 1 次印刷
开本:710 毫米×1000 毫米 1/16　印张:11.25
字数:151 千字

ISBN 978 - 7 - 01 - 018551 - 4　定价:48.00 元

邮购地址 100706　北京市东城区隆福寺街 99 号
人民东方图书销售中心　电话 (010)65250042　65289539